INJURY CHARACTERISTICS AND WEAPONS

# 寻伤追凶

## 致伤物与损伤特征图鉴

陈禄仕◎主编

天津出版传媒集团

天津科学技术出版社

**图书在版编目（CIP）数据**

寻伤追凶：致伤物与损伤特征图鉴 / 陈禄仕主编 .

天津：天津科学技术出版社，2025.4. -- ISBN 978-7

-5742-2630-2

Ⅰ . D923.8-64

中国国家版本馆 CIP 数据核字第 20252JE549 号

---

寻伤追凶：致伤物与损伤特征图鉴

XUNSHANGZHUIXIONG: ZHISHANGWU YU SUNSHANG TEZHENG TUJIAN

责任编辑：刘 颖 张 冲

出　　版：天 津 出 版 传 媒 集 团

天津科学技术出版社

地　　址：天津市西康路 35 号

邮　　编：300051

电　　话：（022）23332372

网　　址：www.tjkjcbs.com.cn

发　　行：新华书店经销

印　　刷：德富泰（唐山）印务有限公司

---

开本 787×1092　1/16　印张 17.75　字数 400 000

2025 年 4 月第 1 版第 1 次印刷

定价：168.00 元

# 《寻伤追凶：致伤物与损伤特征图鉴》

# 编辑委员会

# 序

　　《寻伤追凶：致伤物与损伤特征图鉴》是陈禄仕教授在 50 年法医教学生涯中，对其研究与检案实践的总结，是他对我国法医学事业发展的重要贡献。在凶杀案件中，致伤物的推断是法医学检案与侦查中需要解决的重要问题。致伤物是根据致伤物对人体造成的损伤特征，并结合案发时现场环境的限制和犯罪心理变化等进行分析推断的。因此能否正确推断致伤物取决于对致伤物的认识和成伤机制以及实验室检测结果等的综合分析是否准确。该图鉴广泛收集了凶杀案例中的致伤物与损伤图片，内容丰富翔实。我长期从事法医学检案与侦查工作，深知致伤物的推断在命案侦破过程中的重要性。致伤物的推断对犯罪条件刻画与侦查范围的确定都有非常重要的意义。

　　陈禄仕教授在法医学领域耕耘数十年，不仅对机械性损伤研究有所成就，还对自然环境下尸体腐败分解现象与死亡经过时间的推断有较为深入的研究，对我国法医昆虫学领域的发展贡献卓著，相关成果均得到国家出版基金的资助，分别出版了《中国尸食性蝇类》《中国尸食性蝇类图鉴》《尸体变化图鉴》《尸变图鉴：自然环境下的尸体变化》等著作。最新著作《寻伤追凶：致伤物与损伤特征图鉴》的出版具有重要的学术价值和实践应用价值，是法医检案鉴定的必备实用性工具书。

　　是为序。

万立华

（主任法医师、公安部特聘刑侦专家，重庆医科大学副校长、教授、博士生导师）

2023 年 7 月

# 前　言

　　致伤物的推测是法医学在机械性损伤案件中的首要任务。机械性损伤的案件可产生锐器伤、钝器伤和火器伤。对三种损伤的分类判断是不难的，难的问题是判断是何种致伤物所致的损伤。

　　在锐器伤的案件中，常见的致伤物是有尖有刃的各式各样的工具，尤其有尖又有刃的刀具，其中对双面刃与单面刃的刺创有时是很难区分的。如单纯刺的动作形成的刺创能反映出刺器断面的形态；如单面刃的刺器在尖端刚接触被刺体的瞬间带切刺的动作所形成的刺创则表现出双面刃刺器所形成的刺创特征，即双创角均为锐角；又如刃短的刀具用切割的方式可形成长而大的创口；又如刃长的锐器砍击在人体圆弧部位的头部和四肢所形成的创长比刀刃长度短；又如同样的切器或砍器，用垂直切砍和倾斜切砍所致创口形态全然不同。

　　在钝器伤的案件中，常见的致伤物是斧类和锤类工具，它们的打击面常是斧背和锤背，打击面有正方形的、长方形的、圆形的、多边多角形的。它们如果垂直打击在人体较平整部位，就能反映出致伤物打击面的形态特征；如果打击在圆弧形的头部，就难以判断是何种斧类和锤类；如果打击面是某一边或某一角，那也很难推测出是何种斧类和锤类。

　　在枪弹伤的案件中，常见的枪支是手枪和土制枪。法医检案主要解决枪弹伤的性质、射击距离、射击角度等问题。

　　能否正确推断出致伤物，在很大程度上取决于对致伤物的认识，只有在认识它的基础上方能正确地推断出致伤物的种类。为了解决对致伤物的认识问题，作者团队收集了大量文献资料和大量近年来的案例资料汇编成本书。

　　本图鉴案例资料采集过程中，得到了贵阳市公安局南明分局、花溪分局，遵义市公安局红花岗分局，黔西南州公安局，拉萨市公安局，凯里市公安局，贵州警察学院司法鉴定中心等部门的大力支持，在此一并表示致谢。

陈禄仕

2024 年 3 月

# 内容简介

　　《寻伤追凶：致伤物与损伤特征图鉴》是陈禄仕教授数十年如一日坚持和锲而不舍地对法医学机械性损伤研究的结晶，是他对我国法医学事业奉献的最新成果。在凶杀案件中，推测致伤工具是法医学对损伤鉴定的主要任务之一，通常是根据致伤物对人体造成的损伤特征来进行推测。能否正确推断出致伤物，在很大程度上取决于对致伤物的认识。只有在认识致伤物的基础上才可能正确地推测。本书是对我国法医学机械性损伤的补充和完善，具有重要的学术价值和应用价值。本图鉴是法医工作者不可多得的一本参考工具书，具有极高的出版价值。

# 目录

Contents

第一章

锐器与损伤     001

第一节　刺器与损伤     003

一、刺器的分类     003

二、刺器损伤与刺器推断     003

三、各种刺器与损伤     005

第二节　菜刀与损伤     108

一、菜刀     108

二、案例中的菜刀     110

三、菜刀与损伤     112

第三节　其他锐器与损伤     134

一、电工刀与损伤     134

二、剃刀与损伤     136

三、修面刀片与损伤     138

四、战刀与损伤     141

五、剪刀与损伤     145

六、斧刃与损伤     153

七、柴刀与损伤    164

八、镰刀与损伤    171

九、铡刀与损伤    178

十、美工刀与损伤    181

十一、其他械斗锐器    182

# 第二章

## 钝器与损伤    183

第一节　斧类、锤类与损伤    185

一、斧类与锤类    185

二、斧背与损伤    192

三、锤类与损伤    205

第二节　其他致伤物与损伤    224

一、抓钉与损伤    224

二、钉齿耙与损伤    226

三、钢丝钳与损伤    228

四、铁哑铃与损伤    229

五、活动扳手    231

# 第三章

## 枪弹与损伤    235

参考文献    269

后　记    270

# 第一章

## 锐器与损伤

锐器是指有锐刃或锐尖的器械。由锐器造成的损伤，称为锐器伤。锐器伤的表现形式为创，创缘整齐，创角锐，创腔无组织间桥。常见的锐器和锐器伤有以下几类：刺器与损伤，菜刀与损伤，电工刀与损伤，剃刀与损伤，战刀与损伤，剪刀与损伤，修面刀片与损伤，斧刃与损伤，柴刀与损伤，镰刀与损伤，铡刀与损伤，美工刀与损伤，等等。

# 第一节　刺器与损伤

刺器是指那些形态细长有尖而且有锐刃的工具。刺器刺入人体所造成的损伤，称为刺伤（刺创）。刺创常表现为创口小，创道深，内脏损伤严重。皮肤上的刺创形态能反映刺器和刺切器断面的形态特征，但有时因组织收缩而使刺创变形难以判断刺器种类时，可通过衣着上的刺破口特征帮助判断。

刺伤或刺死在法医学损伤中较为多见。根据某市公安局某分局107例他杀案例统计分析，被刺死的占55.8%。

## 一、刺器的分类

刺器可以分为有刃刺器和无刃刺器两大类。

有尖而且有锐刃的刺器，在公安治安管理中又可分为生活用民用和非生活用两类，后一类又称为"管制刀具"。

1983年3月12日，由公安部颁布施行的《公安部对部分刀具实行管制的暂行规定》第二条指出："本规定所管制的刀具是：匕首、三棱刀（包括机械加工用的三棱刮刀）、带有自锁装置的弹簧刀（跳刀）以及其他类似的单刃、双刃、三棱尖刀。"

管制刀具都具备锐利长刃和尖端，作为凶器使用时，主要以刺为主，但也可用于切割。刺创的特点是创口小，创道深，创口一般呈梭形，对内脏损伤严重，常造成被伤者大出血而死亡。若是单刃刺器造成的，创角呈一钝一锐；若是双刃刺器造成的，两创角均呈锐角；若是三棱或多棱刺器造成的，创口的特征均能反映出刺器横断面的形状和大小。

常见刺器与刺器伤有如下几类：匕首与损伤，牛角刀与损伤，花把刀与损伤，卡子刀与损伤，跳刀与损伤，猎刀与损伤，藏刀与损伤，蒙古刀与损伤，刮刀与损伤，三棱刺刀与损伤，单刃刺刀与损伤，杀猪刀与损伤，卖肉刀与损伤，尖刀与损伤，水果刀与损伤，木工凿与损伤，削皮刀与损伤，等等。

## 二、刺器损伤与刺器推断

从刺器所致损伤推断凶器，目前主要是通过肉眼或显微镜的观察。但由于刺器种类繁多，且被刺部位、刺杀方式、角度及用力大小等不同，故创口形态容易变异。用一把刀子刺出多个创口或刺一刀刺出一个创口，均可出现典型和非典型的两种创口形态。推断刺器的类别是单刃、双刃还是多刃刺器，一般比较容易；但要推断某个类别中的具体刺器，则难度较大。要进一步判断刺器种类，就必须从共性特征中找出个性特征。

## （一）刺创口的一般规律

刺器的大小和刺创口大小成正比，即刺器大，刺创口亦大，刺器小，刺创口亦小，但也有刺器小，因用力较大创口变大的。匕首、杀猪刀两种刺器，刀刃较长，横断面宽，刀背较厚，所致刺创口大，创腔宽且深，反映刀背面的钝角明显。牛角柄刀和跳刀刀刃较短，横断面窄，刀背较薄，所致创口小，创腔浅且窄，反映刀背面的钝角不明显。

## （二）脏器及骨质创口的特征

若刺器刺入内脏或刺破骨质，须进行解剖检验。如刺破肝脏、心脏及大血管，一般是盲管刺创，也有造成贯通创口的。创口形态能反映出刀尖部形态。刺破骨质，一般仅是刀尖刺口，亦能反映刀尖形态。由于单刃刺器刀尖部形态各异，因此，每种刺器所致刺创口的特征也就不同。

## （三）创口周围表皮剥脱伤的特征

创口周围一般没有表皮剥脱伤；如果刺杀用力很大，创道又未遇到骨质阻力，刀体全刺入时，匕首和牛角刀的护手或刀背扣环挫擦创口周围，可形成表皮剥脱伤。杀猪刀和匕首刀背较厚，创口一端有的出现"门"形表皮剥脱伤，这点不仅能反映单刃刺器的共性特征，也可作为判断杀猪刀或匕首的特征。牛角刀和跳刀因刀背薄，不易出现这类形态的伤痕。

## （四）非典型刺器创口的特征

牛角刀和跳刀两种刺器所致损伤的创口一般较小，剟开创口呈菱形，两端创角尖细，不易区分刀背的钝角。刀子刺入内脏时，不易刺破骨质。由于刀子轻，刺入后容易移动，拔出刀子时，刃面拖切，有的在刃面角出现拐角形切创。匕首和杀猪刀的刺创口大，反映刀背的钝角明显，刀子刺入内脏，不仅能刺破脏器，也能刺破骨质，当刀尖遇到骨质时，因刀子摆动，刃面切割，可形成类三角形刺创口或其他形态的创口。

在检验刺器个性特征时，还要注意刺器刃面有无缺口、刀尖是否折断、磨损情况以及有无附着物等。

## 三、各种刺器与损伤

## （一）匕首与损伤

中国军用单刃匕首，刃长 14.2cm，刀面宽 2.25cm，背厚 0.4cm。

两把军用匕首：上面是一把中国军用双刃匕首，刃长 14cm，刀面宽 2.5cm；下面是一把美国军用匕首，刃长 14.8cm，刀面宽 3cm，背厚 0.4cm，背的后半部分为锯齿状。

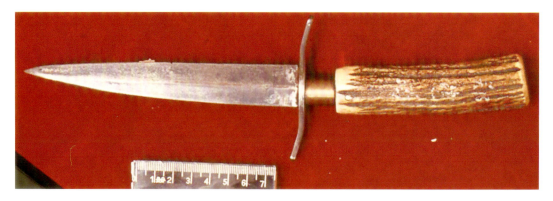

缅甸制造的鹿角柄双刃匕首，刃长 15cm，刀面宽 2.3cm。

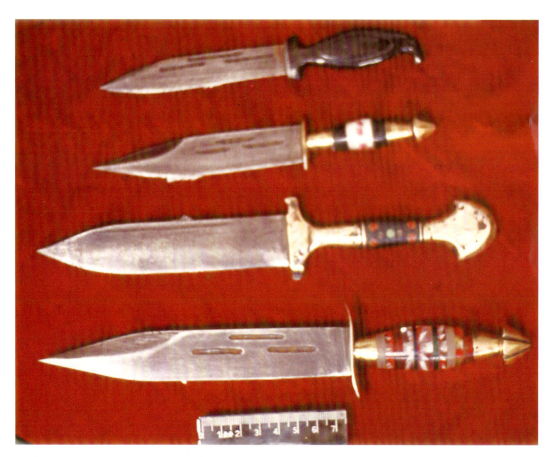

各式单刃匕首，自下而上刀长（不含柄）分别为 16.7cm、13.7cm、11.6cm、10.4cm；
刀面宽分别为 2.6cm、2.7cm、2.2cm、1.8cm；背厚分别为 0.4cm、0.3cm、0.4cm、
0.3cm。

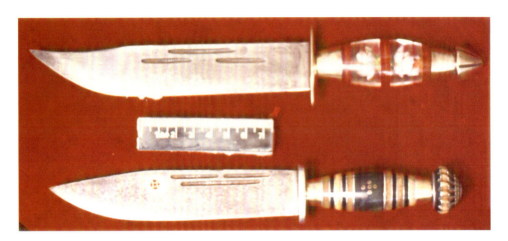

两把单刃匕首，自上而下刃长分别为 16.5cm、14.5cm；刀面宽分别为 2.9cm、2.8cm；背厚分别为 0.45cm、0.4cm。

各式单刃和双刃匕首。

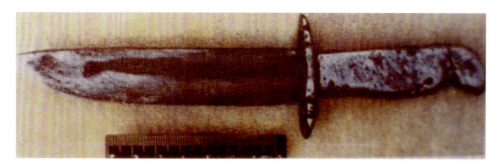

单刃匕首，刃长 11.8cm，刀面宽 2.4cm。

案例 1 中的自制双刃匕首，刃长 1.5cm，刀面宽 2.8cm。

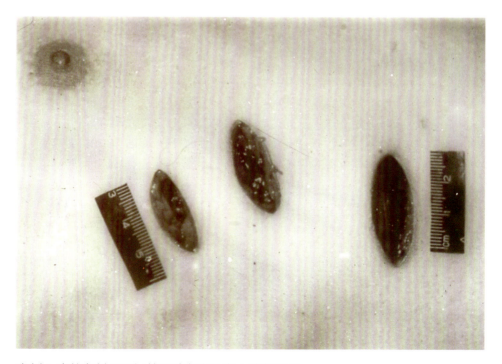

案例 1 中的自制双刃匕首所致左胸及左上腹部刺创。

案例 1 中的自制双刃匕首所致创口合拢观创口长度和两创角的情况。

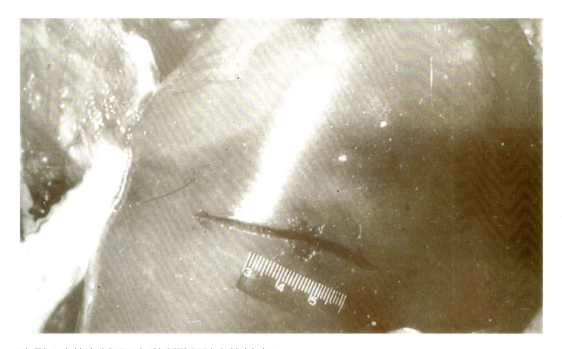

案例 1 中的自制双刃匕首所致肝脏上的刺破口。

案例 2 中的双刃匕首。

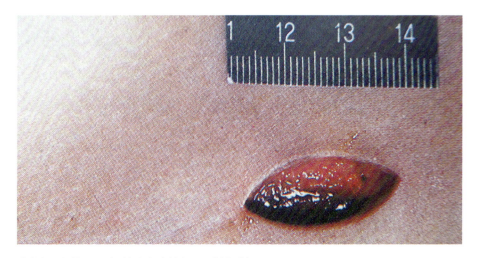

案例 2 中的双刃匕首胸部刺创，两创角锐。

## （二）牛角刀与损伤

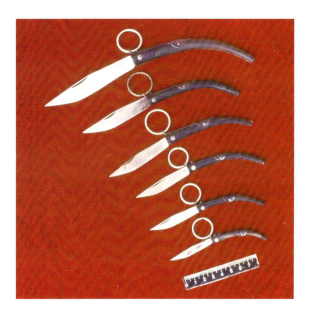

这是六把同一式样而不同规格的类圆形（柄）的牛角刀。从大到小刀刃长分别为11.1cm、8.1cm、7.5cm、6.5cm、5.8cm、5cm；刀面宽分别为2cm、1.6cm、1.4cm、1.2cm、1.1cm、0.9cm。产地为云南省玉溪市。

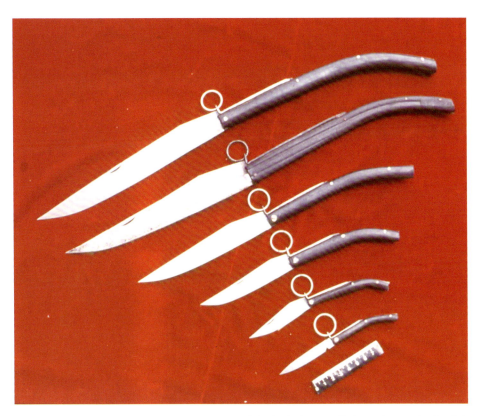

这是六把同一式样而不同规格的类方形（柄）牛角刀。从大到小刀刃长分别为 23.7cm、21.6cm、15.5cm、10.7cm、7.4cm、6.7cm；刀面宽分别为 2.9cm、3.4cm、2.5cm、2cm、1.6cm、1.1cm。

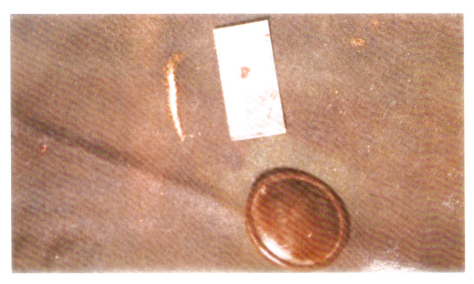

案例 3 中的类圆形（柄）大号牛角刀所致衣服上的刺破口。

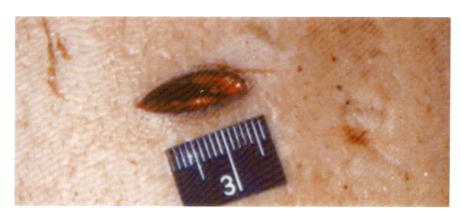

案例 3 中的类圆形（柄）大号牛角刀所致右上腹部的刺创。

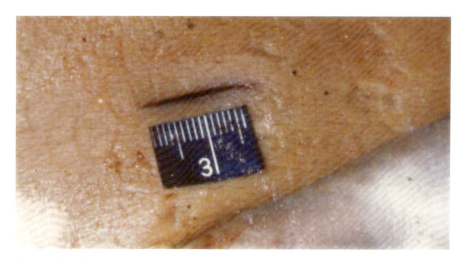

案例 3 中的类圆形（柄）大号牛角刀所致刺创合拢后的情况。

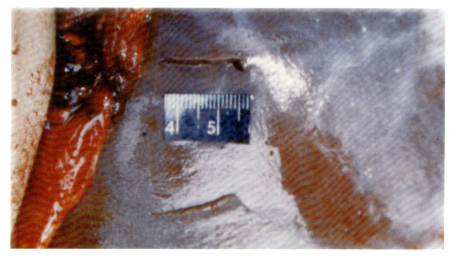

案例 3 中的类圆形（柄）大号牛角刀所致肝脏上的刺创。

## （三）其他刺器与损伤

### 1. 花把刀

这是五把不同规格的花把刀。从上至下刀刃长分别为 20.8cm、20.7cm、19cm、17cm、13.7cm；刀面宽分别为 3.8cm、3.2cm、2.9cm、2.9cm、2.7cm。

### 2. 卡子刀

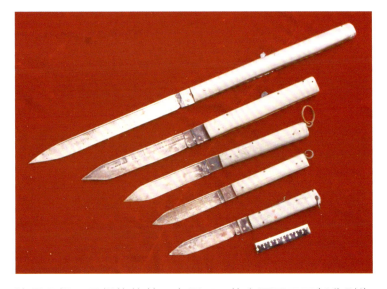

这是五把不同规格的单刃卡子刀。从上至下刀刃长分别为23.5cm、17cm、12.5cm、10.7cm、10.3cm；刀面宽分别为 2.4cm、2.5cm、2cm、2.3cm、2.2cm。

## 3. 跳刀

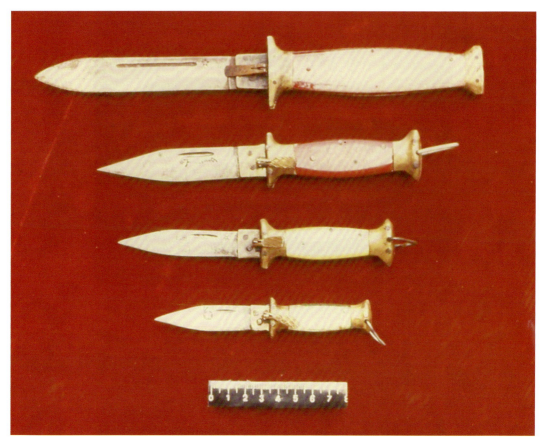

这是四把不同规格的单刃跳刀，又称弹簧刀。从上至下刀刃长分别为 14.5cm、8.9cm、7.3cm、5.9cm；刀面宽分别为 2.1cm、2cm、1.5cm、1.5cm。产地主要在云南省。

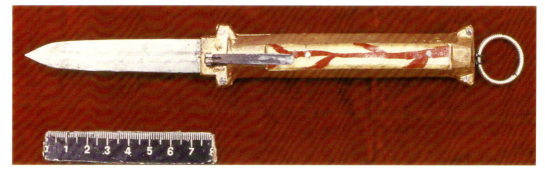

这是管式双刃跳刀，又称管式刀。刀刃长 8.5cm，刀面宽 1.5cm。

## 4. 猎刀

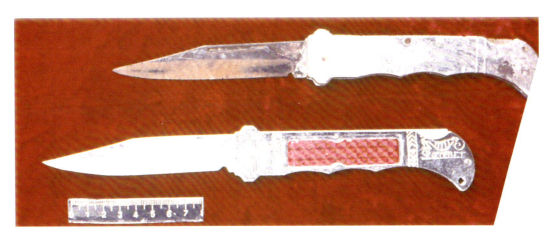

这是两把单刃猎刀，结构与卡子刀相似。刀刃长都为 16.5cm。

## 5. 藏刀

这是藏族人佩带的刀具。单刃大藏刀，刀刃长 29.1cm，刀面宽 3.8cm，刀背厚为 0.5cm。

这是双刃小藏刀，刀刃长 7.5cm，刀面宽 1.6cm。

案例 4 中的藏刀。

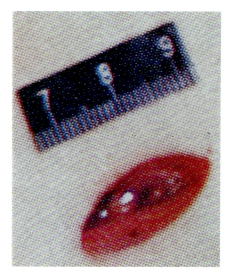

案例 4 中的藏刀所致左背部刺创。

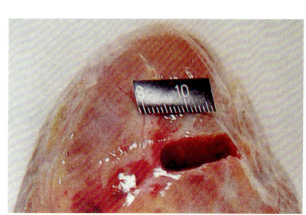

案例 4 中的藏刀所致心脏贯通刺创。

案例 5 中的单刃花把藏匕首。

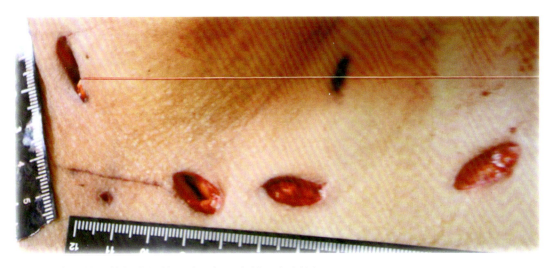

案例 5 中的单刃花把藏匕首所致颈部及左锁骨部刺创。

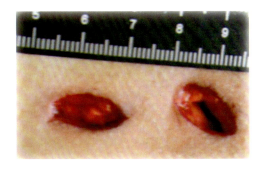

案例 5 中的单刃花把藏匕首所致颈部刺创（放大观）。

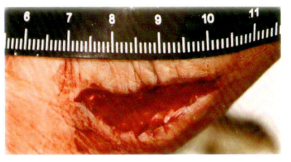

案例 5 中的单刃花把藏匕首所致右手掌外侧抵抗伤。

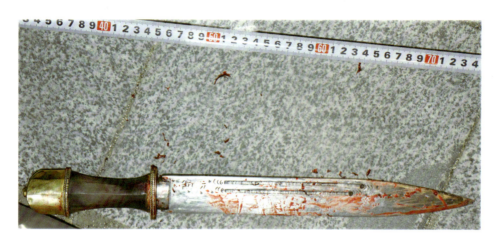

案例 6 中的藏刀。

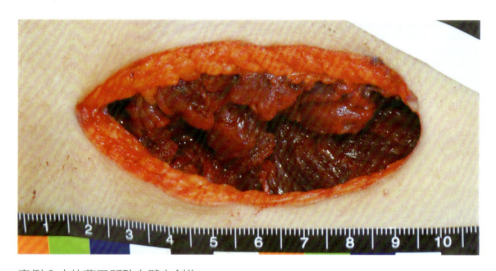

案例 6 中的藏刀所致右臂上创伤。

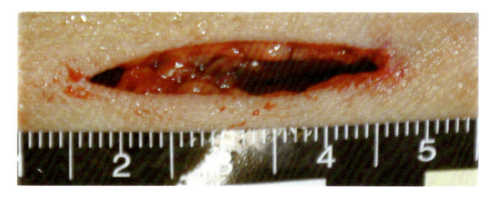

案例 6 中的藏刀所致右臂上刺创伤。

## 6. 蒙古刀

案例 7 中的单刃蒙古刀。

案例 7 中的单刃蒙古刀所致背部刺创。

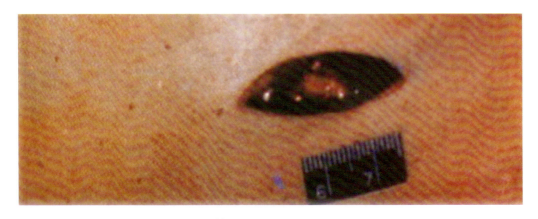

案例 7 中的单刃蒙古刀所致颈部刺创。

## 7. 刮刀

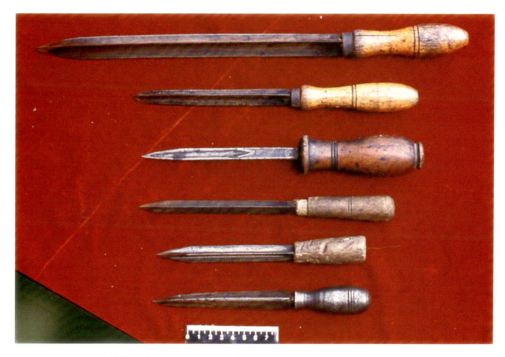

上面三把是有凹槽的三棱刮刀；下面三把是用钢锉自制的无凹槽的三棱刮刀。刮刀，是在金属表面进行修整与刮光用的工具。刮刀的种类有半圆刮刀（用于刮削圆孔和弧形等凹面，如刮轴瓦或衬套）、三角刮刀（用于刮工件上的油槽与孔的边沿）和平刮刀（用于刮平面或铲花）。

案例 8 中的三棱刮刀（三面有凹槽）。

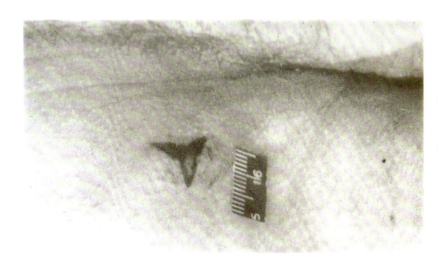

案例 8 中的三棱刮刀（三面有凹槽）所致上臂内侧刺创。

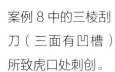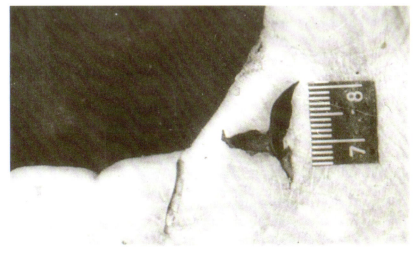

案例 8 中的三棱刮刀（三面有凹槽）所致虎口处刺创。

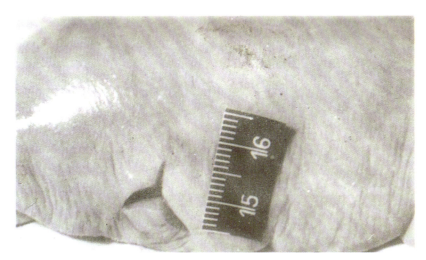

案例 8 中的三棱刮刀（三面有凹槽）所致肝脏刺创。

案例 9 中的三棱刮刀（三面有凹槽）。

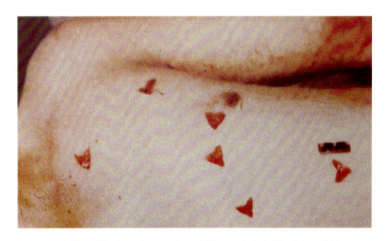

案例 9 中的三棱刮刀（三面有凹槽）所致左侧胸腹部刺创。

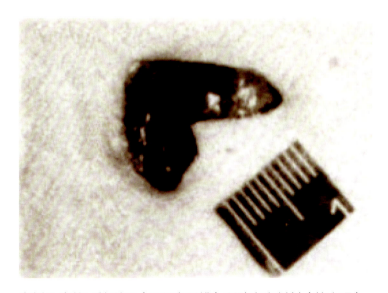

案例 9 中的三棱刮刀（三面有凹槽）所致右胸刺创（放大观）。

案例 10 中的用三角锉刀改制的无槽三棱刮刀（三面无凹槽）。

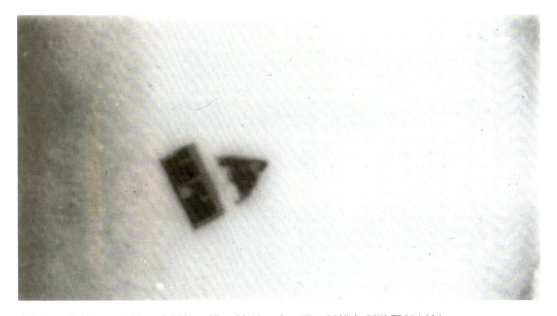

案例 10 中的用三角锉刀改制的无槽三棱刮刀（三面无凹槽）所致臀部刺创。

## 8. 刺刀

这是军用的三棱刺刀。三棱刺刀长（不含柄）为 30cm。

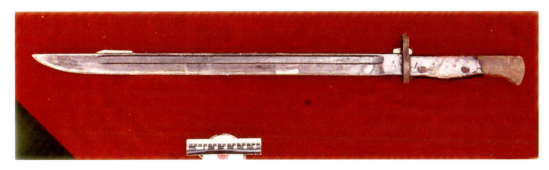

这是三八式步枪单刃刺刀。刀刃长 39.2cm，刀面宽 2.4cm，刀背厚 0.7cm。

案例 11 中的旧式步枪单刃刺刀。

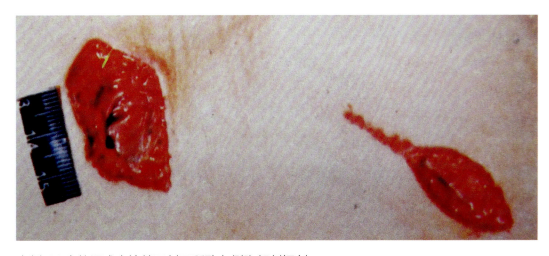

案例 11 中的旧式步枪单刃刺刀所致左侧胸部刺切创。

## 9. 杀猪刀

杀猪刀的功能主要是刺杀，变为凶器时它具有刺、砍、切的作用。这类杀猪刀主要在农村，是农村铁匠打制的，刀刃长 22cm，刀面宽 5.7cm。

杀猪刀（刀的长度）。

杀猪刀（刀的宽度）。

案例 12 中的杀猪刀，刀刃长 24cm，刀面宽 6.8cm。

案例 12 中的杀猪刀所致背部刺创，创口长 4.9cm 左右。

案例 12 中的杀猪刀所致腿部刺创。

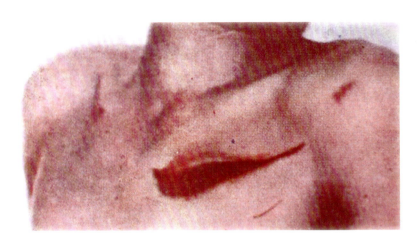

案例 12 中的杀猪刀
所致胸部刺切创。

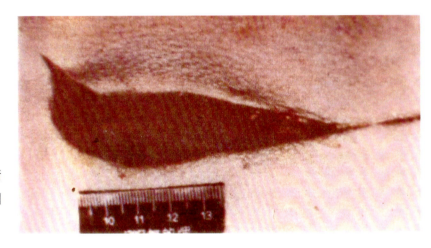

案例 12 中的杀猪
刀所致胸部刺切创
局部（放大观）。

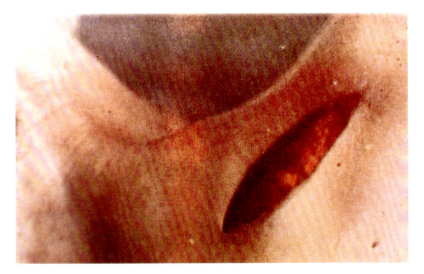

案例 12 中的杀猪刀
所致肩部刺切创。

案例 12 中的杀猪刀所致衣着上的砍创。

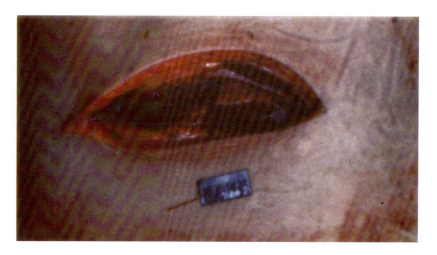

案例 12 中的杀猪刀所致左背部砍创。

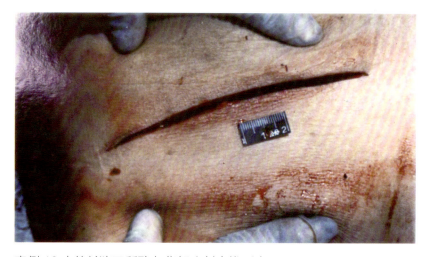

案例 12 中的杀猪刀所致左背部砍创合拢形态。

案例 13 中的杀猪刀（1）。

案例 13 中的杀猪刀（2）。

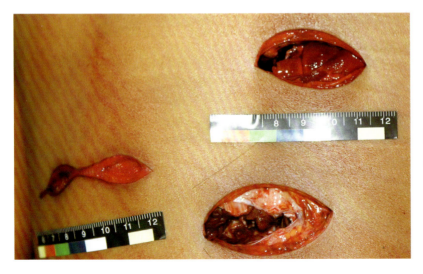

案例 13 中的杀猪刀
所致腰背刺创。

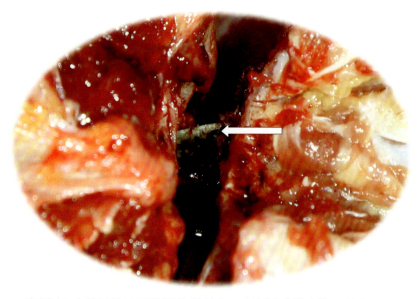

案例 13 中的杀猪刀所致腰背刺创内刀尖断片（箭头指示处）。

## 10. 卖肉刀（又称剥刀）

这是卖肉用的剥刀，它主要用于切、割肉类。刀刃长 21cm，刃的前端突出成尖形，刀背前端突出的部分刀面宽 2.2cm，主要用于剔骨。在一案件中，罪犯就是用刀刃前端突出的尖刺死了他人。

这是另一种式样的剥刀，作用为切、割。刀刃长 16.5cm，刀面宽为 15cm。

案例 14 中的剥刀。

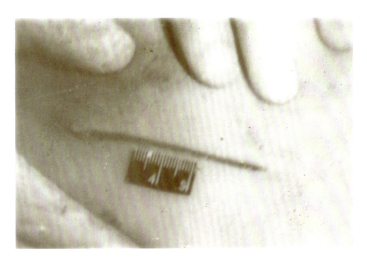

案例 14 中的剥刀所致胸部刺创（创口合拢形态）。

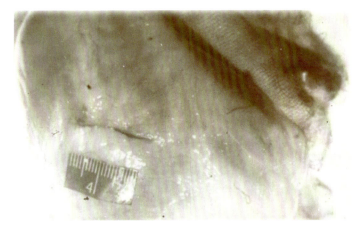

案例 14 中的剥刀所致心脏刺创。

## 11. 各式尖刀

这类尖刀没有专一的用途，但它能刺、能切、能削、能剔。若卖肉时使用，作用为剔，可称为剔肉刀；若家庭用，它可切、削，可称为削菜刀；若作为凶器，作用为刺，可称为刺器。

尖刀。

案例 15 中的单刃尖刀。

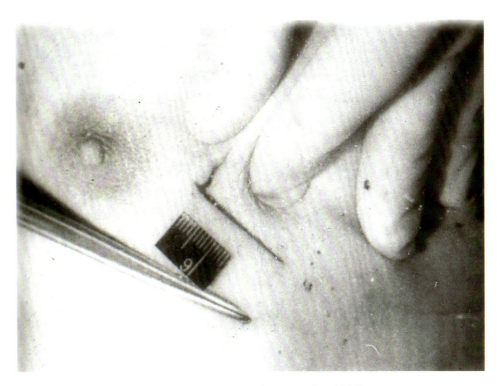

案例 15 中的单刃尖刀所致胸部刺创，刺创合拢后形态，刺创长 2.7cm。

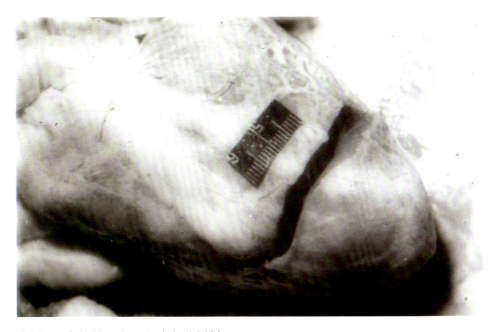

案例 15 中的单刃尖刀所致心脏刺创。

案例 16 中的尖刀正面观。

案例 16 中的尖刀背面观。

案例 16 中的尖刀所致背部刺创。

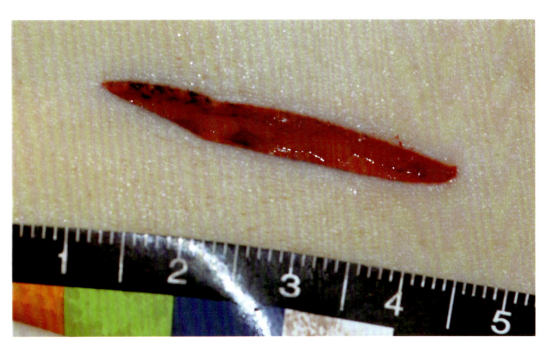

案例 16 中的尖刀所致背部刺创（放大观）。

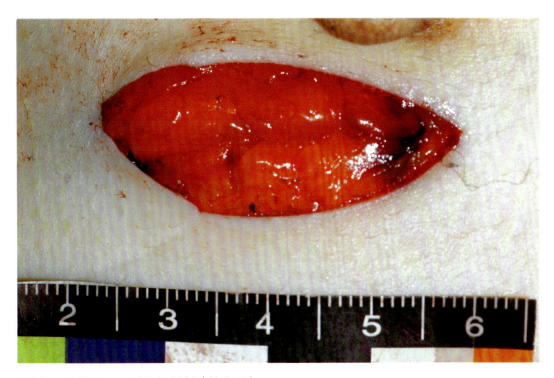

案例 16 中的尖刀所致胸部刺创（放大观）。

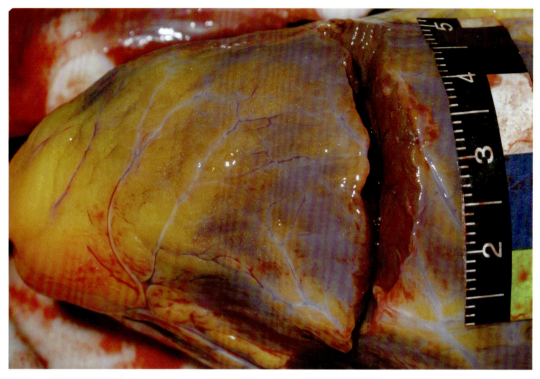

案例 16 中的尖刀所致心脏部刺创。

案例 17 中的尖刀。

案例 17 中的尖刀所致左
背部平第 3 后肋距脊柱
6cm 处刺创。

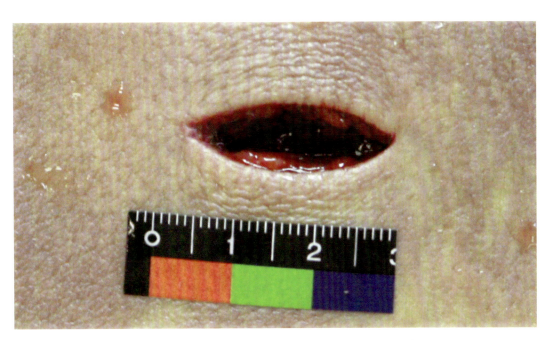

案例 17 中的尖刀所致左背部平第 3 后肋距脊柱 6cm 处刺创（放大观）。

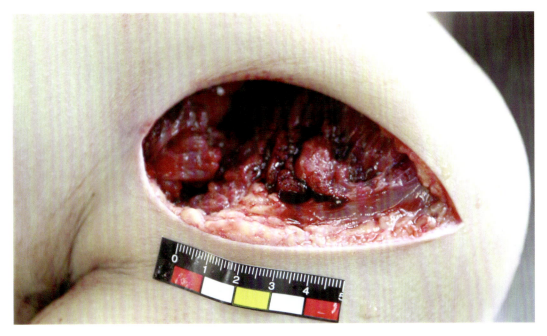

案例 17 中的尖刀所致左肩关节前侧一 11.5cm×6.0cm 的纵行剟开创口，深达胸腔，该创口创缘整齐、创壁光滑、创腔内无组织间桥，创角皆锐。

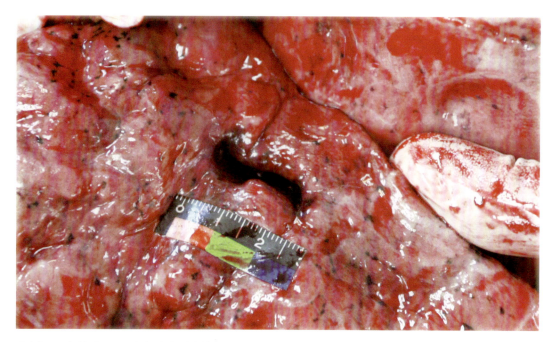

案例 17 中的尖刀所致左肺上叶刺创。

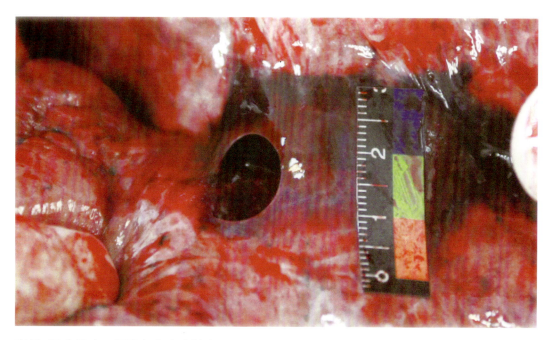

案例 17 中的尖刀所致左肺动脉刺破口。

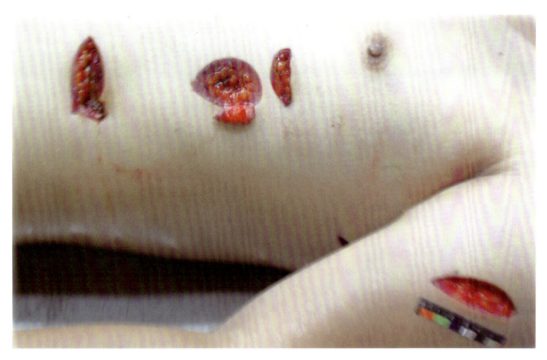

案例 18 中的尖刀所致左侧胸部刺创，深达肌层，创角皆锐。

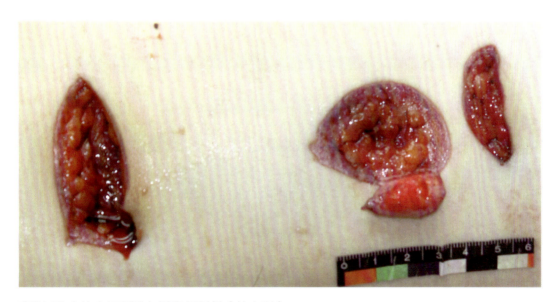

案例 18 中的尖刀所致左侧胸部刺创（放大观）。

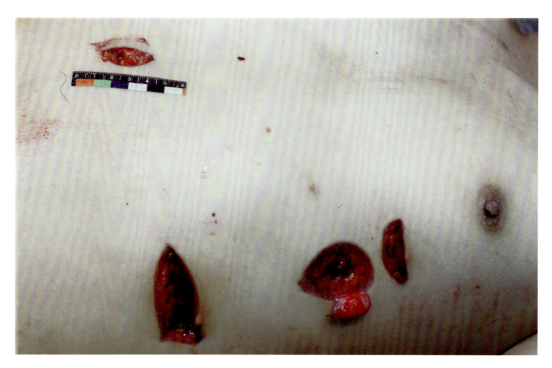

案例 18 中的尖刀所致脐上方 5cm 处一 2.5cm×1.0cm 的纵行创口，深达腹腔，创角上钝下锐。以上创口创缘整齐，创壁光滑，创腔内未见组织间桥。

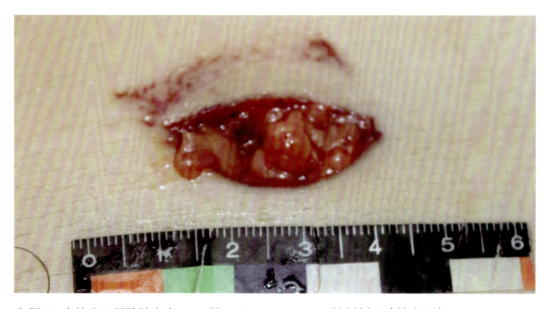

案例 18 中的尖刀所致脐上方 5cm 处一 2.5cm×1.0cm 的刺创口（放大观）。

案例 18 中的尖刀所致肝左叶外缘一长 1.3cm 破口。

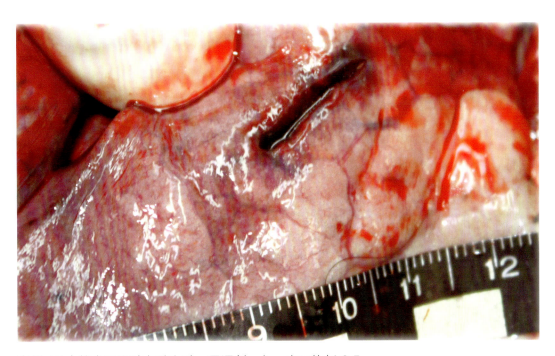

案例 18 中的尖刀所致左肺上叶一贯通创，入、出口均长 2.5cm。

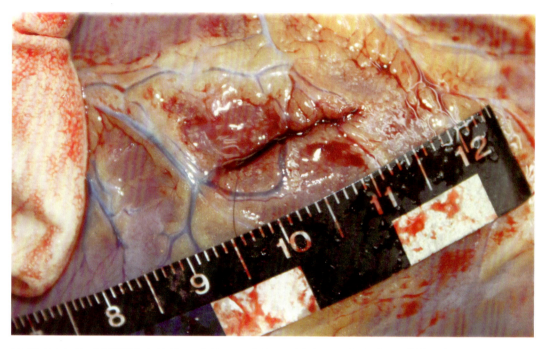

案例 18 中的尖刀所致心包处一 2.5cm×0.8cm 刺破口，左心室后壁处一长 2.3cm 创口，深达心室。

案例 19 中的尖刀。

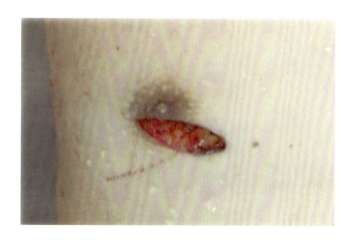

案例 19 中的尖刀所致右乳头处一 4.0cm×1.4cm 横行创口，创缘创壁整齐，创内无组织间桥，创角内钝外锐，深达胸腔。

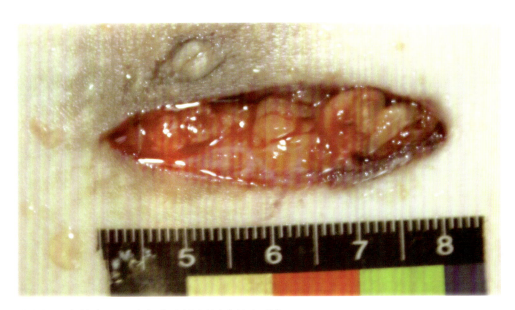

案例 19 中的尖刀所致右乳头处刺创（放大观）。

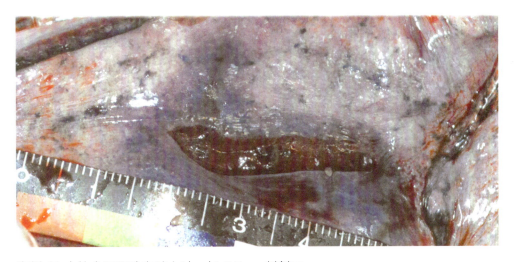

案例 19 中的尖刀所致右肺上叶一长 3.5cm 刺创口。

案例 20 中的尖刀。

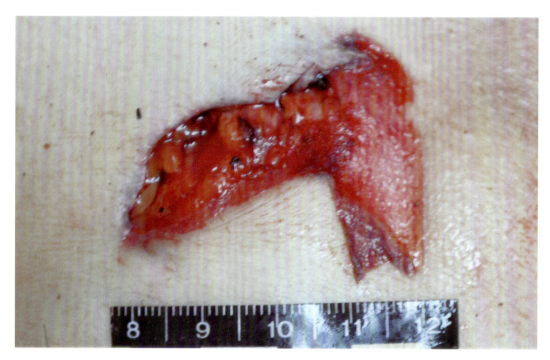

案例 20 中的尖刀所致左锁骨外侧下缘处一 4.9cm×3.0cm "Y" 形创口，深达胸腔，创缘创壁光滑，创角皆锐。

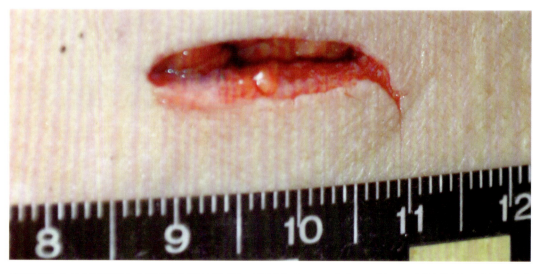

案例 20 中的尖刀所致右腋后线第 7 肋间一横行 2.3cm×0.6cm 创口，深达胸腔，创缘创壁光滑，创角前钝后锐。

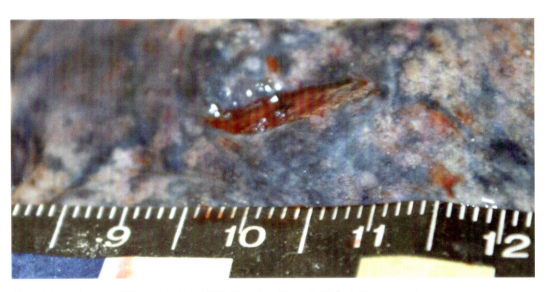

案例 20 中的尖刀所致左肺上叶一贯通创，入、出口分别为 1.5cm、1.0cm。

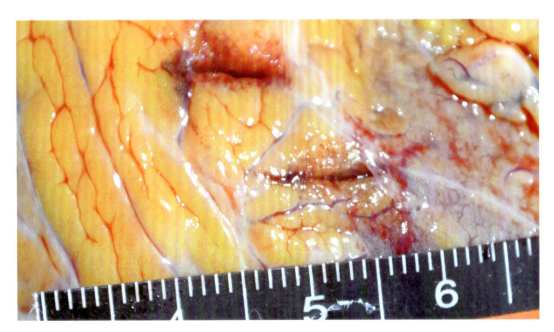

案例 20 中的尖刀所致左心室前壁两处分别长 0.6cm、0.8cm 的平行创口。

案例 21 中的尖刀。

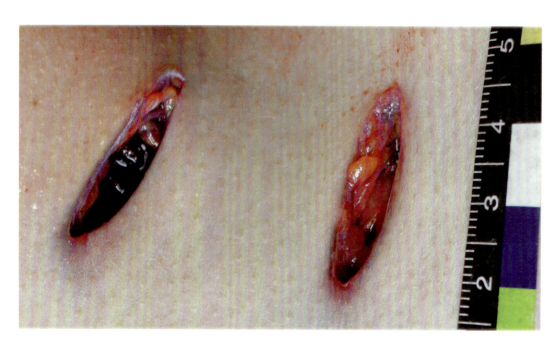

案例 21 中的尖刀所致左颈部斜方肌前侧一横行 3.2cm×0.6cm 创口，创缘创壁整齐，创腔内无组织间桥，创道斜向右侧，创角左侧锐利右侧不能辨认；左锁骨上窝一横行 3.1cm×0.4cm 创口，创缘创壁整齐，创腔内无组织间桥，创道斜向右下方。

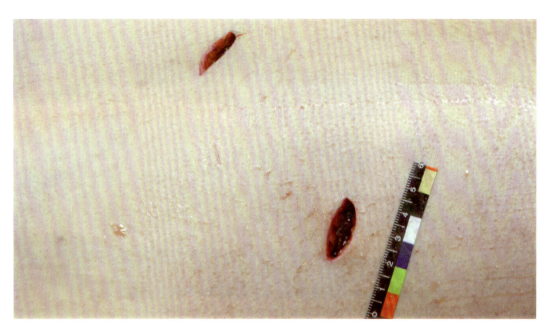

案例 21 中的尖刀所致左肩胛下角下侧 4cm 处一横行 3.1cm×0.9cm 创口，创角左钝右锐，探查创道，斜向左下方；左肩胛下角右侧 5cm 处一横行 3.0cm×0.8cm 创口，创角左锐右钝，探查创道，斜向右下。

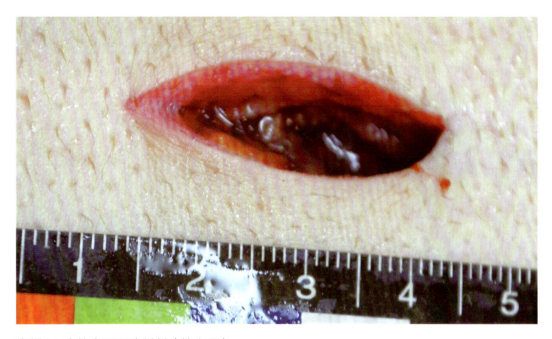

案例 21 中的尖刀所致刺创（放大观）。

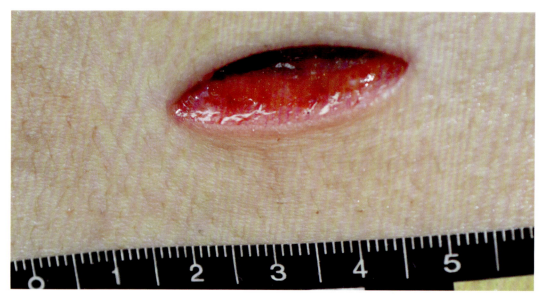

案例 21 中的尖刀所致刺创（放大观），创缘创壁整齐，创腔内无组织间桥。

案例 22 中的尖刀。

案例 22 中的尖刀所致右锁骨下窝处一 2.0cm×0.6cm 弧形创口，深达胸腔；右乳头左侧 5cm 处一 1.8cm×0.3cm 横行创口，深达胸腔，创角左锐右钝。

案例 22 中的尖刀所致背部正中 18cm×9cm 范围内 1.7cm×0.1cm 至 2.2cm×0.3cm 大小不等的 12 处创口，创角皆一锐一钝，创深达肌层、脊柱及胸腔。

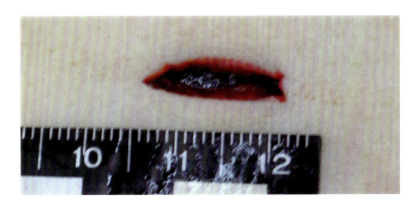

案例 22 中的尖刀所致背部刺创（放大观）。

案例 22 中的尖刀所致右肩关节后侧一 1.8cm×0.3cm 纵行创口，创角皆锐，深达肌层。以上创口创缘整齐，创壁光滑，创腔内未见组织间桥。

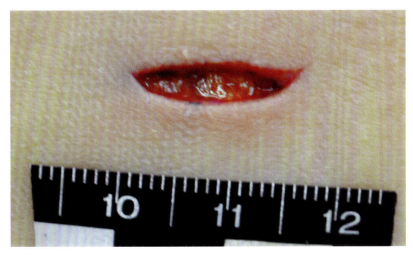

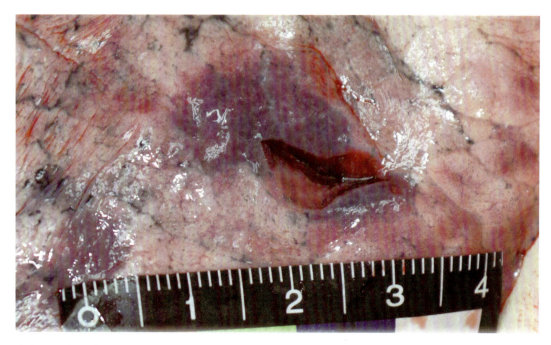

案例 22 中的尖刀所致右肺下叶前侧下缘处一 1.6cm×0.5cm 的创口。

案例 23 中的尖刀。

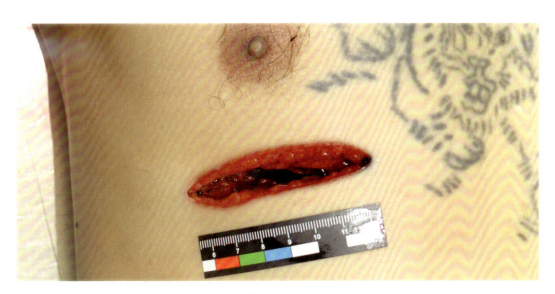

案例23中的尖刀所致右乳头下2cm处一横行6.5cm×1.6cm刺创口，深达胸腔，创缘整齐，创壁光滑，创腔内未见组织间桥，创角左钝右锐。

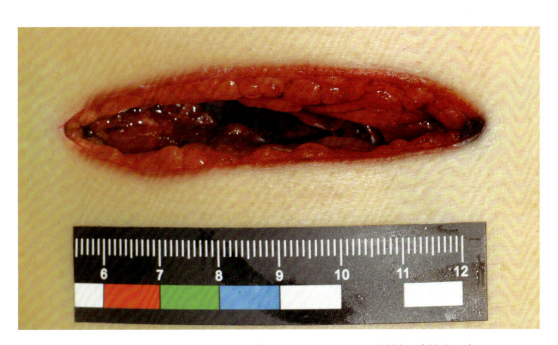

案例23中的尖刀所致右乳头下2cm处一横行6.5cm×1.6cm刺创口（放大观）。

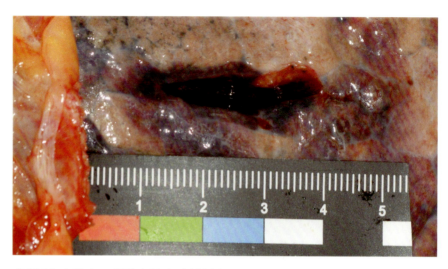

案例 23 中的尖刀所致右肺中叶前侧一 2.6cm×0.4cm 刺破口。

案例 24 中的尖刀。

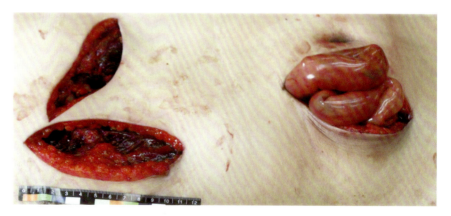

案例 24 中的尖刀所致右侧胸骨旁线第 6 肋处一 10cm×2.5cm 斜行创口，合拢长 12cm；右第 5、6 肋软骨处一 9.5cm×2.3cm 斜行创口，合拢长 11.8cm；脐右侧 3cm 处一 10.6cm×3.0cm 纵行创口，合拢长 12.2cm，可见小肠外溢。以上创口创缘创壁整齐，创角皆上钝下锐，深及胸腹腔。

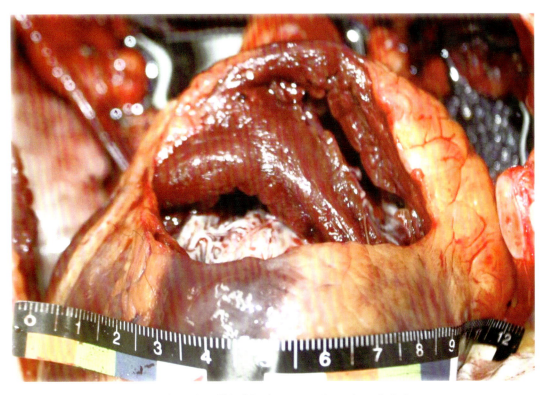

案例 24 中的尖刀所致右心室后壁一横行创口长 9cm，深及左、右心室。

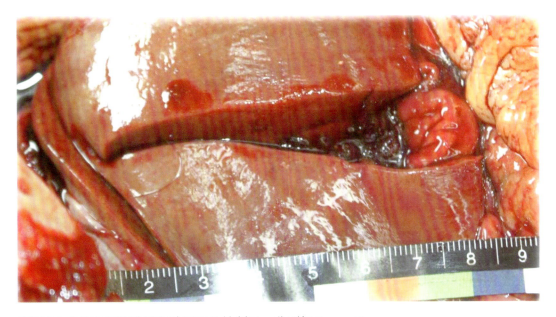

案例 24 中的尖刀所致肝左叶膈面 2 处创口，分别长 9cm、7cm。

案例 25 中的尖刀。

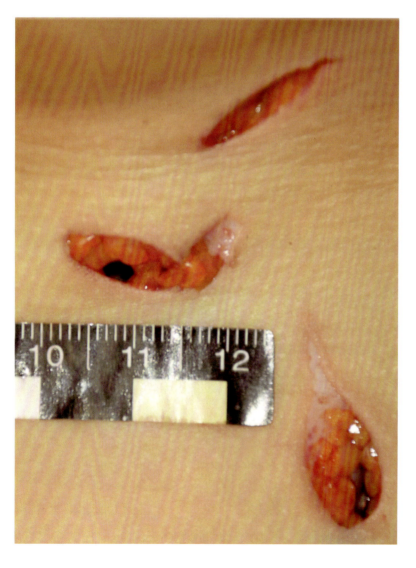

案例 25 中的尖刀所致左颈部 3 处创口，从上至下分别为 1.5cm×0.4cm 斜行创口（该创口深达气管、创角左钝右锐），2.1cm×0.5cm "V" 字形创口（该创口深达气管、创角皆锐），2.2cm×0.8cm 创口（该创口深达肌层、创角上锐下钝）。

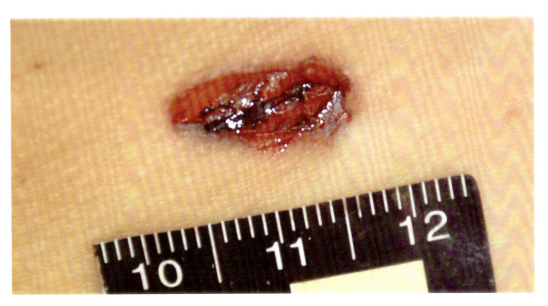

案例 25 中的尖刀所致右颈部一 1.5cm×0.6cm 横行创口，深达肌层。

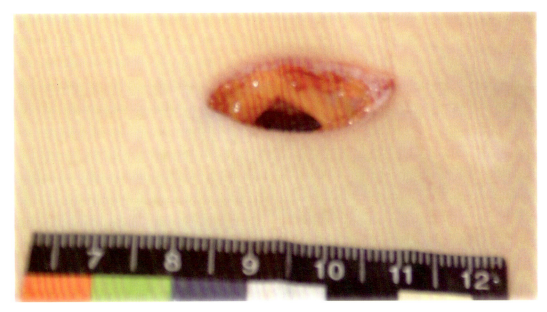

案例 25 中的尖刀所致左胸部 1、2 肋间近胸骨处一 2.6cm×0.8cm 横行创口，深达胸腔，创角皆锐。

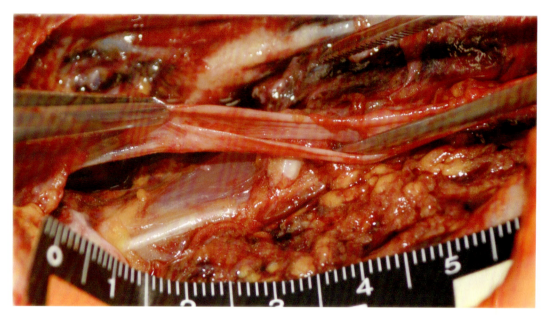

案例 25 中的尖刀所致左颈内静脉处一长 1.4cm 刺破口。

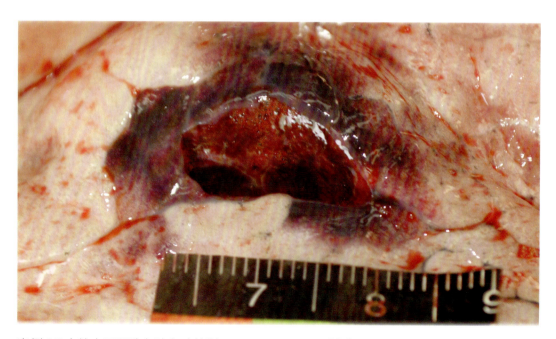

案例 25 中的尖刀所致左肺上叶前侧一 1.5cm×0.3cm 刺破口。

案例 26 中的尖刀。

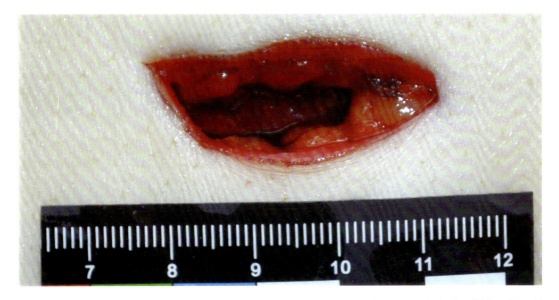

案例 26 中的尖刀所致左腋前线平剑突处一 3.5cm×1.3cm 纵行创口，深达腹腔，创角下锐上钝。

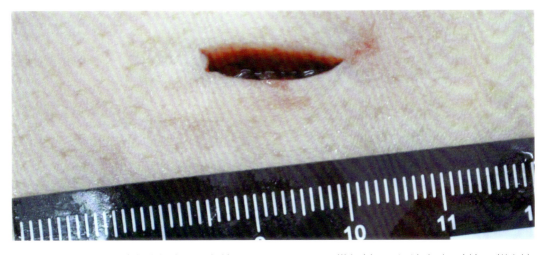

案例 26 中的尖刀所致左背部肩胛下角处一 1.6cm×0.4cm 纵行创口，深达胸腔，创角下锐上钝。

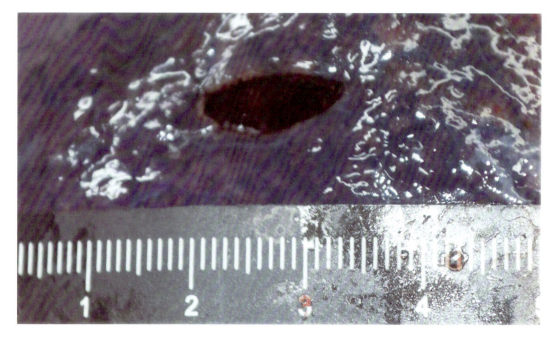

案例 26 中的尖刀所致左肺下叶一 1.5cm×0.4cm 刺破口。

案例 27 中的尖刀正面观。

案例 27 中的尖刀背面观。

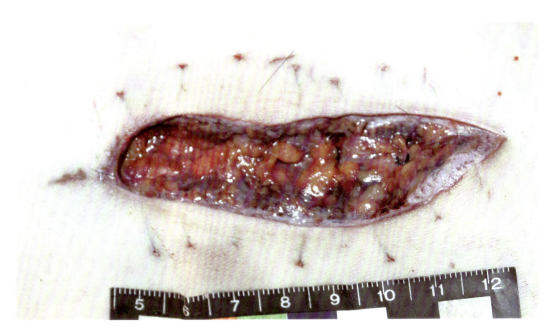

案例 27 中的尖刀所致左胸至左锁骨处创口，剥开大小为 9.0cm×2.2cm，创缘整齐，创壁光滑，创角内下钝外上锐，创腔内无组织间桥，深达胸腔。

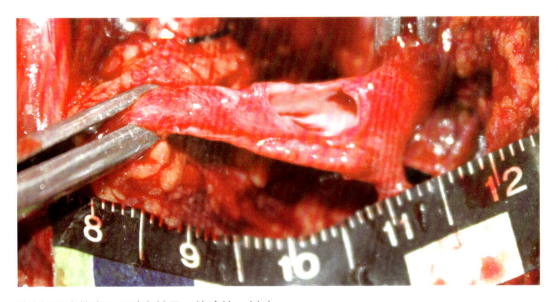

案例 27 中的尖刀所致左锁骨下静脉处一刺破口。

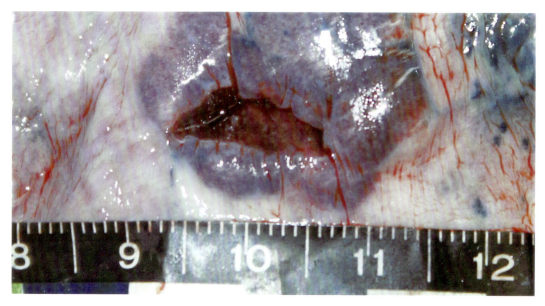

案例 27 中的尖刀所致左肺上叶一长 1.5cm 刺破口。

案例 28 中的尖刀。

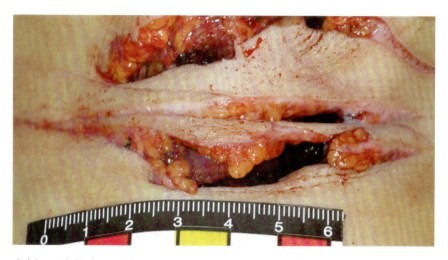

案例 28 中的尖刀所致颈前甲状软骨处一 7.0cm×3.1cm 的不规则创口，深达骨质。

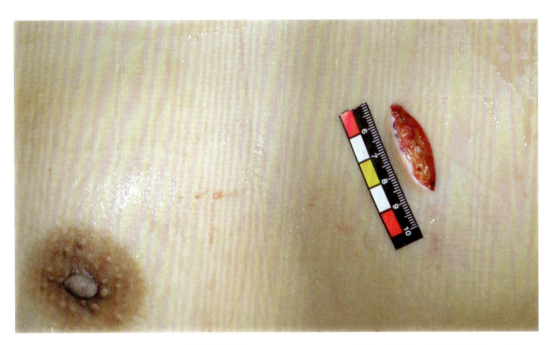

案例 28 中的尖刀所致右锁骨中线肋缘处一 3.5cm×1.2cm 斜行刺创，创深达腹腔，创角一钝一锐。

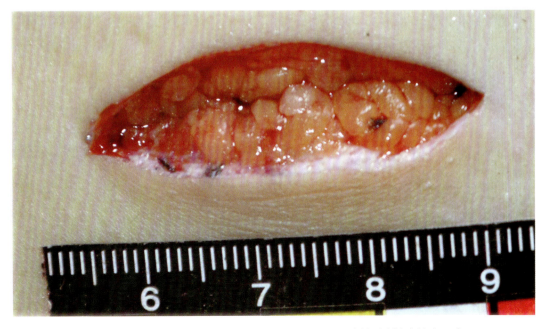

案例 28 中的尖刀所致右锁骨中线肋缘处一 3.5cm×1.2cm 斜行刺创（放大观）。

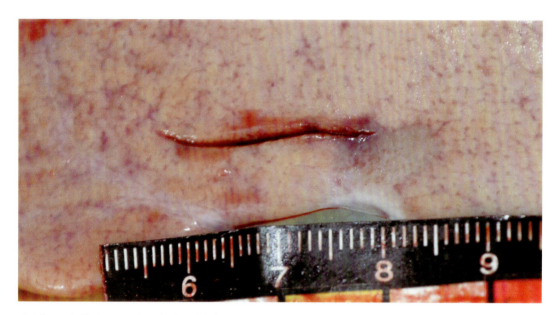

案例 28 中的尖刀所致肝右叶一刺破口。

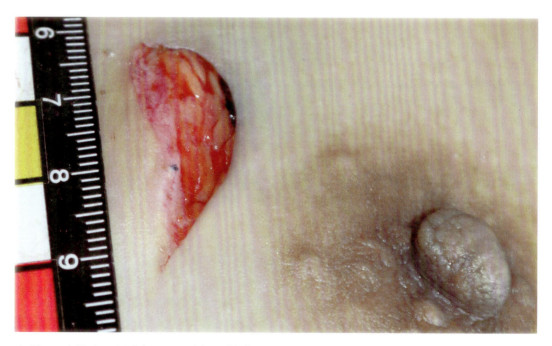

案例 28 中的尖刀所致左 2、3 肋间一刺破口，深达胸腔。

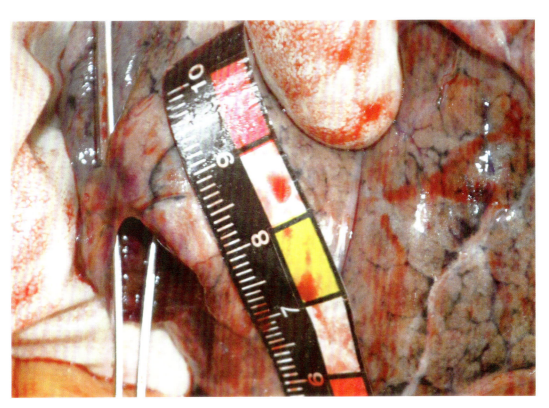

案例 28 中的尖刀所致左肺上叶一贯通创。

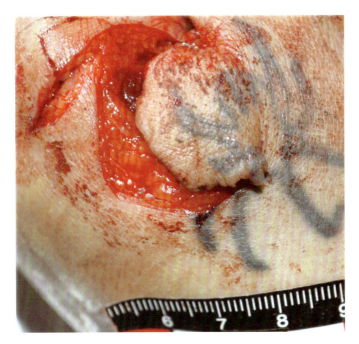

案例 28 中的尖刀所致左手虎口处一 3.3cm×3.5cm 创口。

案例 29 中的尖刀正面观。

案例 29 中的尖刀背面观。

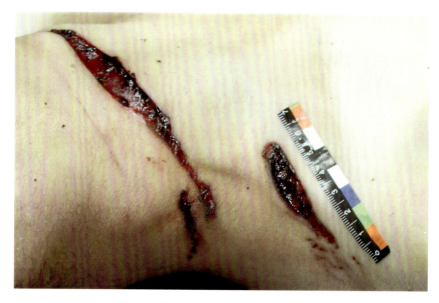

案例 29 中的尖刀所致右颈部一 5.4cm 皮肤划伤，和 3 处大小分别为 11.0cm×1.3cm、3.5cm×0.4cm、5.3cm×1.1cm 的斜行创口，均创缘整齐，部分皮革样化，创壁光滑，创角难以辨认，创腔内无组织间桥，深达皮下。

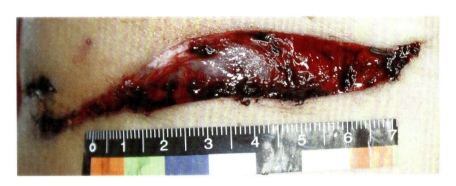

案例 29 中的尖刀所致右颈部创口（放大观）。

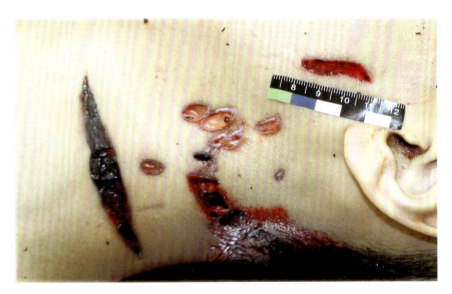

案例 29 中的尖刀所致左颈部一 1.0cm×8.5cm 的创口，深达皮下；左颈在 6cm×5.8cm 范围内散在 9 处创口，创口大小深浅不一，最浅达皮下，最深达肌层，最小 0.8cm×0.3cm，最大 2.4cm×1.4cm；以上创缘整齐，创壁光滑，创腔内无组织间桥。

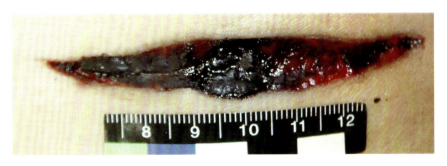

案例 29 中的尖刀所致左颈部大创口（放大观）。

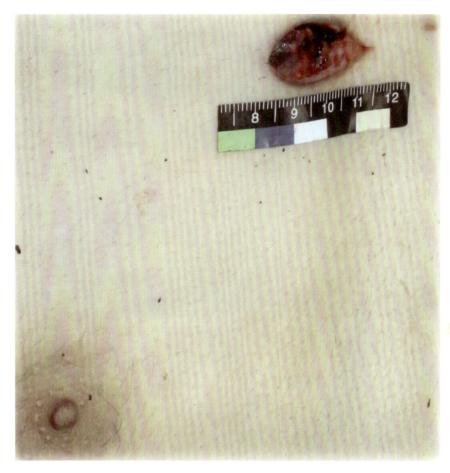

案例 29 中的尖刀所致左胸骨旁线第 10 肋处一 3.4cm×1.5cm 横行创口，后见 3.5cm 间断划伤，合拢长 3.5cm，深达骨质，创角内钝外锐。

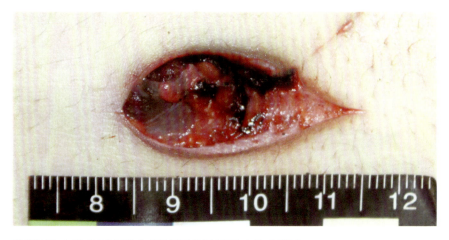

案例 29 中的尖刀所致左胸骨旁横行创口（放大观）。

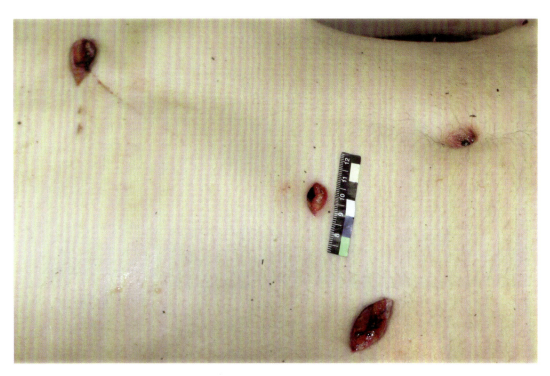

案例 29 中的尖刀所致腹部刺创。

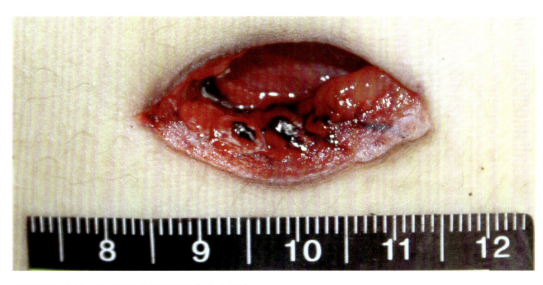

案例 29 中的尖刀所致腹部刺创（放大观）。

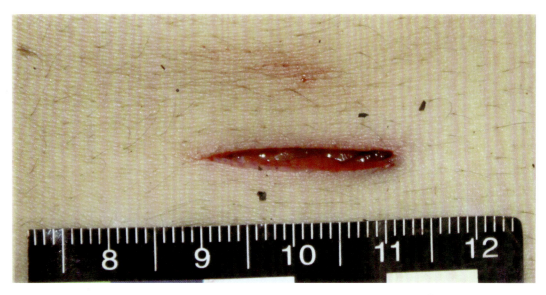

案例 29 中的尖刀所致腹部刺创合拢观。

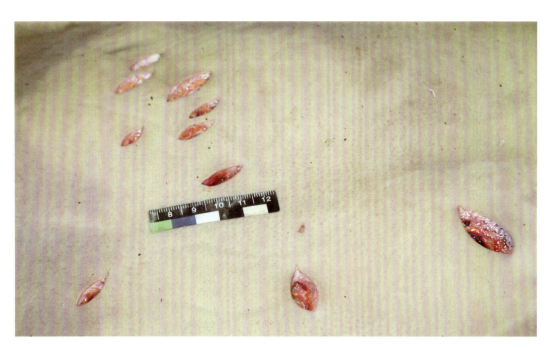

案例 29 中的尖刀所致背部刺创，创口大小深浅不一，最浅达皮下，最深达胸腔，创角一钝一锐，创缘整齐，创壁光滑，创腔内无组织间桥，创口对应衣服处可见刺破口。

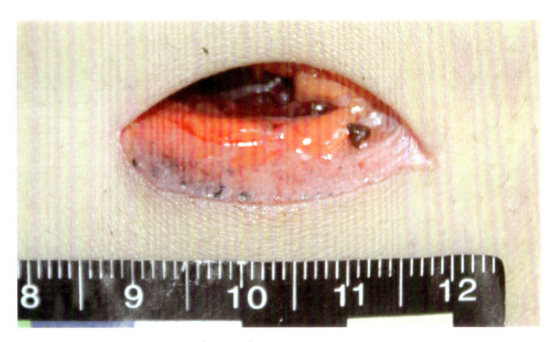

案例 29 中的尖刀所致背部刺创（放大观）。

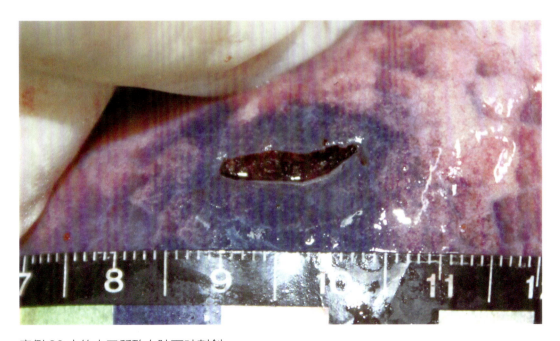

案例 29 中的尖刀所致右肺下叶刺创。

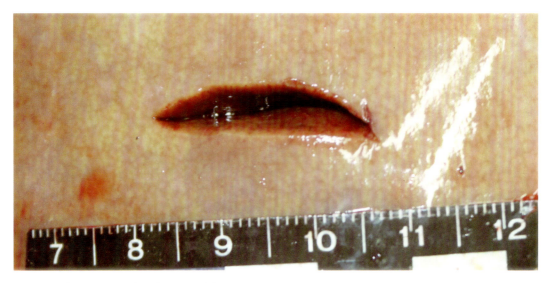

案例 29 中的尖刀所致肝右叶贯通创。

案例 30 中的尖刀。

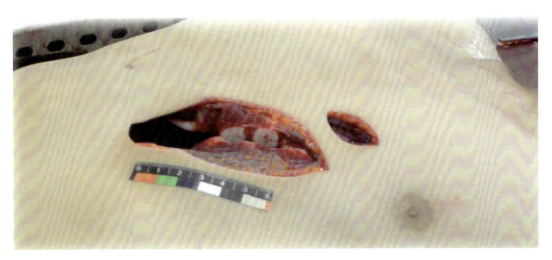

案例 30 中的尖刀所致左锁骨中线第 4 肋处一 3.0cm×1.6cm 斜行创口，合拢长 3.2cm，深达胸腔，创角内下钝外上锐；左锁骨中线第 5 肋处至剑突下一 9.9cm×4.4cm 斜行创口，此创口由一个长 2.8cm 和一个长 7.1cm 两个创口融合而成，以致创角难以辨认。左 4、5 肋软骨断裂，见一破口进入胸腔；在该破口外下方见左 5~7 肋软骨断裂，见一破口进入胸腔。

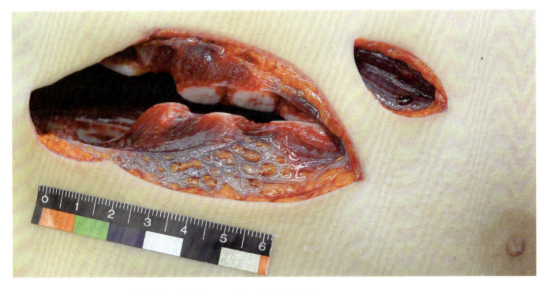

案例 30 中的尖刀所致左锁骨中线下两创口（放大观）。

案例 30 中的尖刀所致左锁骨中线下两创口之上一创口合拢观。

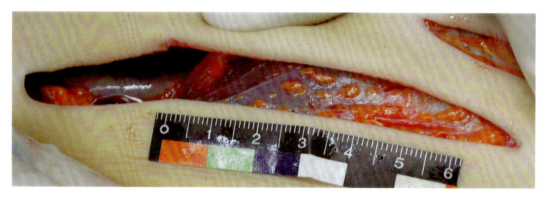

案例 30 中的尖刀所致左锁骨中线下两创口之下一创口合拢观。

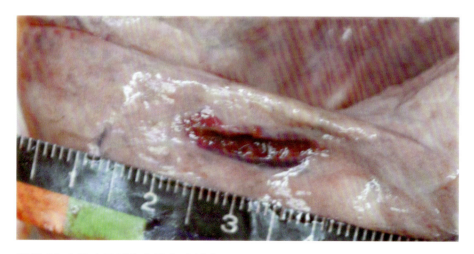

案例 30 中的尖刀所致右肺中叶刺破口。

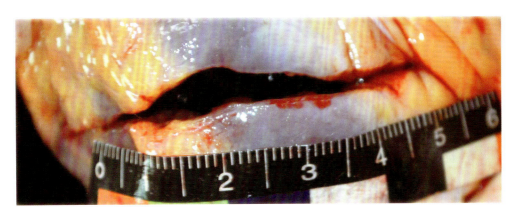

案例 30 中的尖刀所致心脏刺破口。

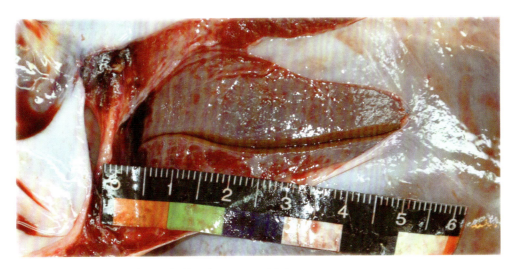

案例 30 中的尖刀所致近肝门处一长 4.5cm 刺破口。

案例 31 中的尖刀。

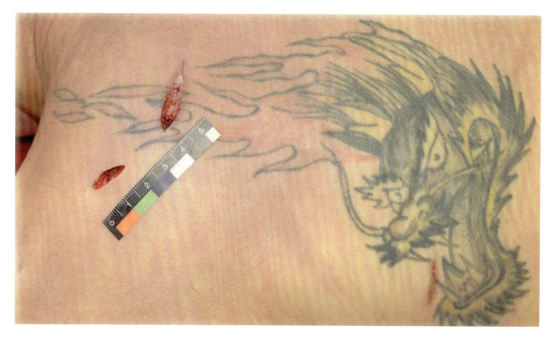

案例 31 中的尖刀所致左肩胛骨处两处大小分别为 0.5cm×1.5cm、0.7cm×2.4cm 的创口，该两创口均深达肩胛骨，创角外钝内锐。

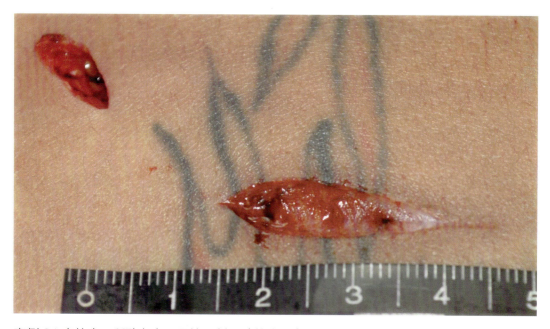

案例 31 中的尖刀所致左肩胛骨处两创口（放大观）。

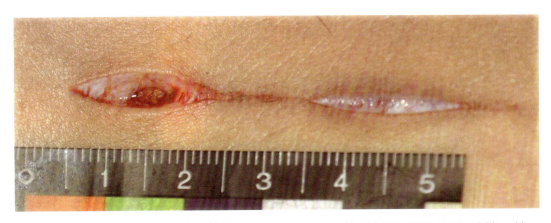

案例 31 中的尖刀所致腰部正中脊柱处一 0.5cm×1.8cm 横行创口，深达肌层，创角一钝一锐，其后见长 3.4cm 皮肤划伤。

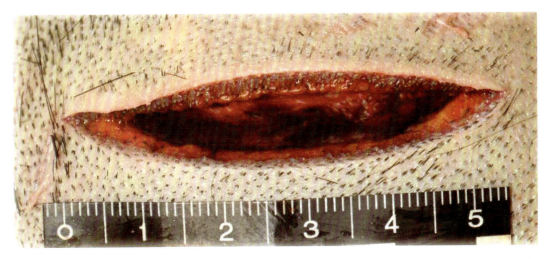

案例 31 中的尖刀所致枕部一 5.4cm×1.1cm 横行创口，创缘整齐，创壁光滑，创腔内无组织间桥，创角皆锐，深达颅骨，颅骨外板可见砍痕。

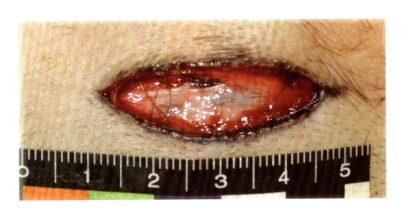

案例 31 中的尖刀所致右额颞部 — 3.5cm×1.2cm 纵行创口，创缘皮革样化，创壁光滑，创腔内无组织间桥，创角难以辨认，深达肌层。

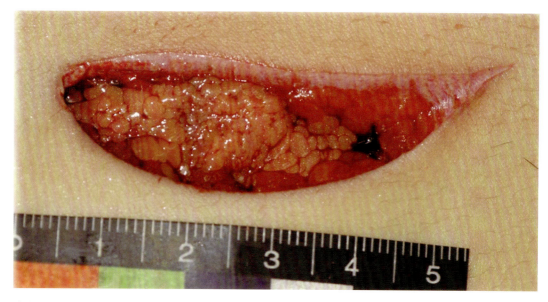

案例 31 中的尖刀所致腹部—5.4cm×1.5cm 斜行创口，深达腹腔，创角内上钝外下锐，创缘整齐，创壁光滑，创腔内无组织间桥。

案例 32 中的尖刀。

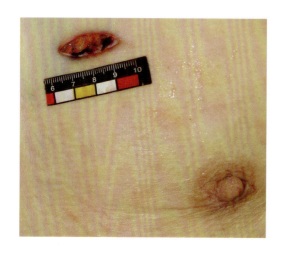

案例 32 中的尖刀所致左胸骨旁 2、3 肋间—2.9cm×0.9cm 横行创口，深达胸腔，创角内钝外锐。

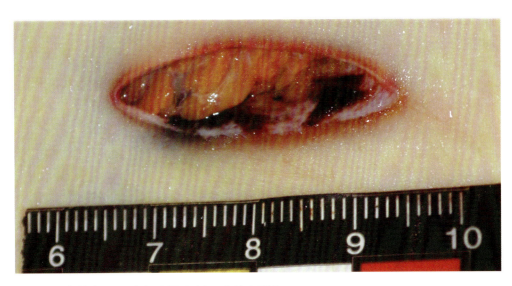

案例 32 中的尖刀所致左胸骨旁创口（放大观）。

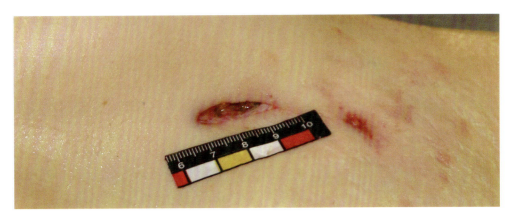

案例 32 中的尖刀所致左上腹处一 2.4cm×0.5cm 斜行创口，深达腹腔，内上钝外下锐。

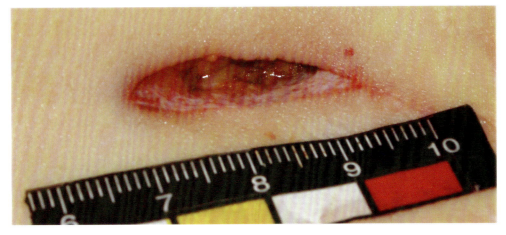

案例 32 中的尖刀所致左上腹创口（放大观）。

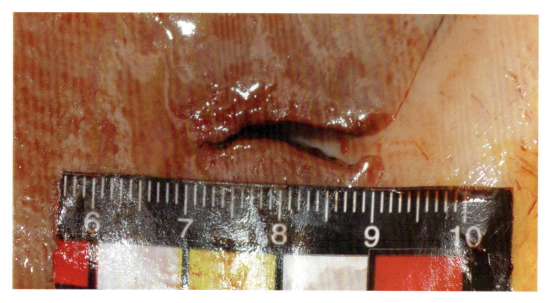

案例 32 中的尖刀所致肝右叶一刺破口。

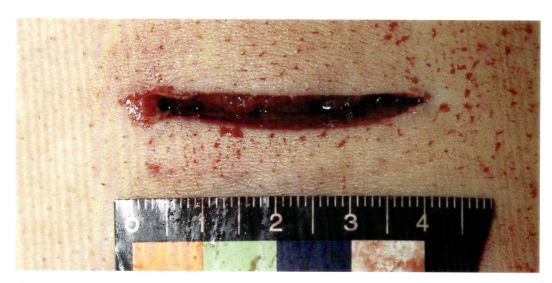

案例 33 中的尖刀所致右肩胛下角线第 8、9 肋间一 3.6cm×1.0cm 斜行剹开创口，合拢长 4.0cm，深达胸、腹腔，创角内上钝、外下锐。

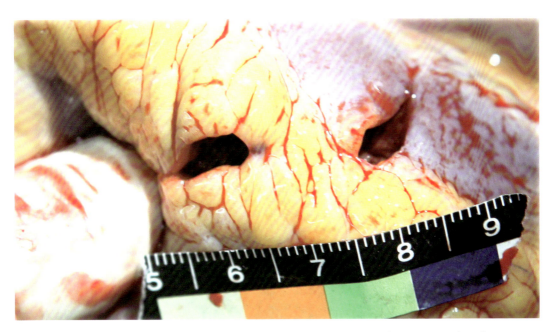

案例 33 中的尖刀所致右心室右缘自底部至前壁一贯通创，入口长 1.3cm、出口长 1.0cm，深及心室。

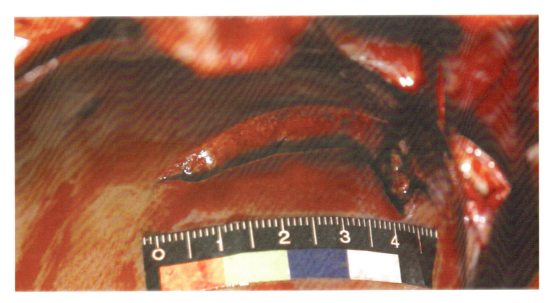

案例 33 中的尖刀所致肝右叶膈面至左叶下面一贯通创，入口长 4.8cm，出口长 2.3cm。

案例 34 中的尖刀。

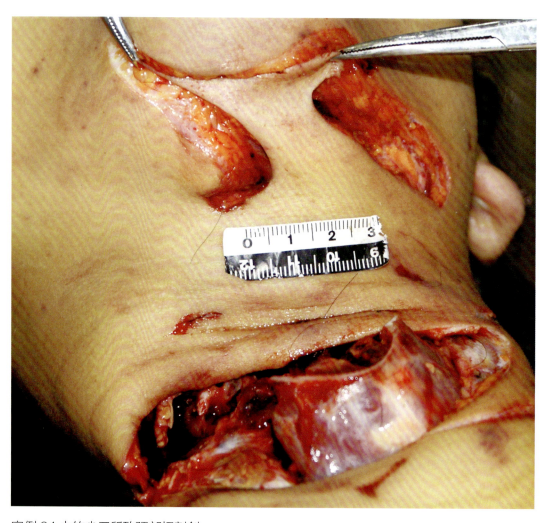

案例 34 中的尖刀所致颈部切割创。

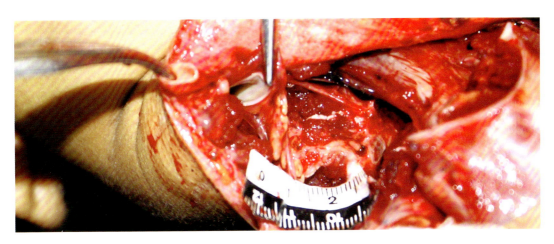

案例 34 中的尖刀所致右侧总颈动静脉管被切断。

案例 35 中的尖刀。

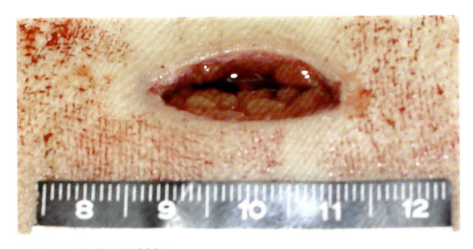

案例 35 中的尖刀所致创口。

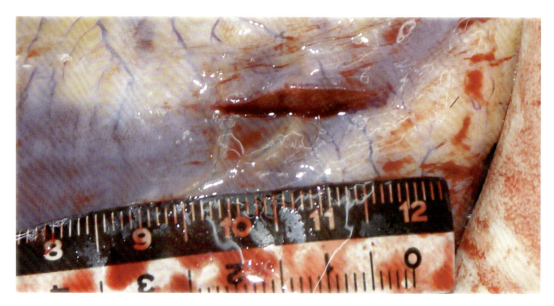

案例 35 中的尖刀所致心脏刺创。

案例 36 中的尖刀。

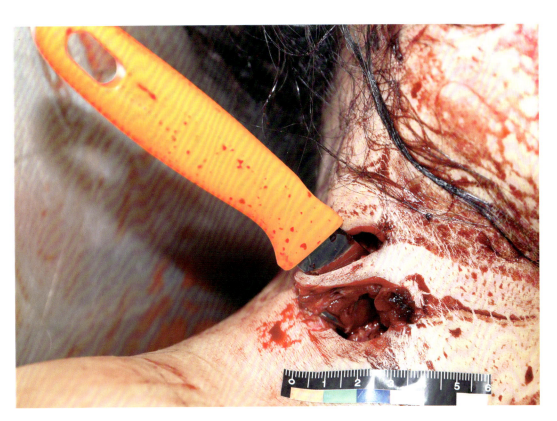

案例 36 中的尖刀刀刃部仍留在创口内。

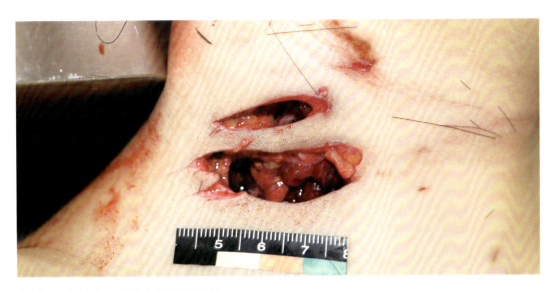

案例 36 中的尖刀所致右侧颈部刺创。

案例 37 中的尖刀正面观。

案例 37 中的尖刀背面观。

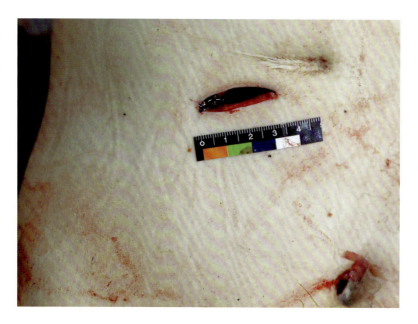

案例 37 中的尖刀所致右上腹刺创。

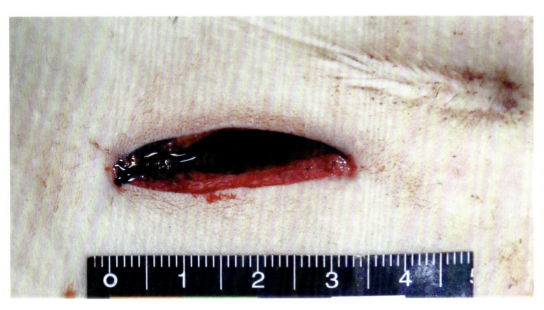

案例 37 中的尖刀所致右上腹刺创（放大观）。

案例 38 中的尖刀正面观。

案例 38 中的尖刀背面观。

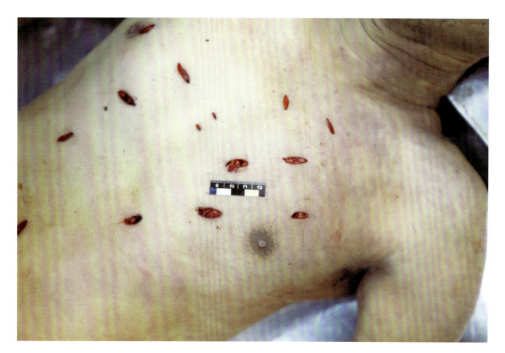

案例 38 中的尖刀所致胸部多处刺创。

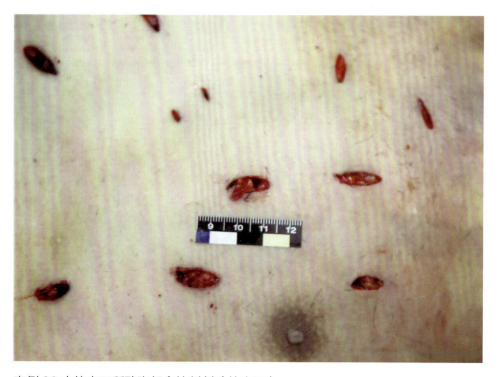

案例 38 中的尖刀所致胸部多处刺创（放大观）。

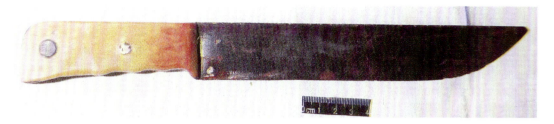

案例 39 中的尖刀。

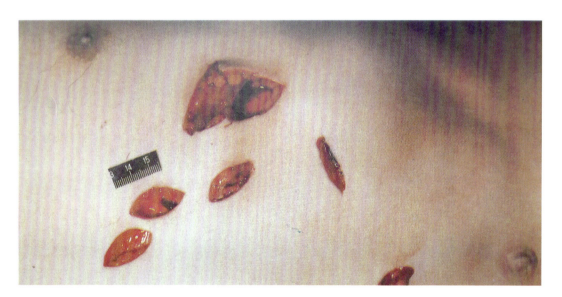

案例 39 中的单刃尖刀所致胸腹部刺创。

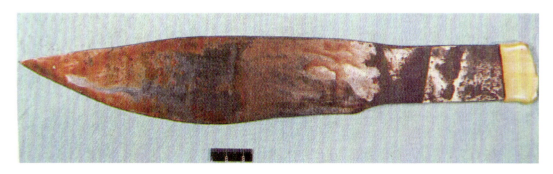

案例 40 中的自制单刃尖刀。

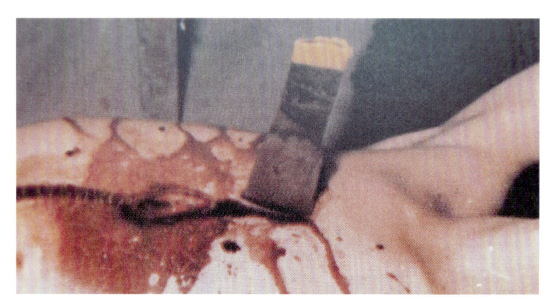

案例 40 中的自制单刃尖刀留在创口内。

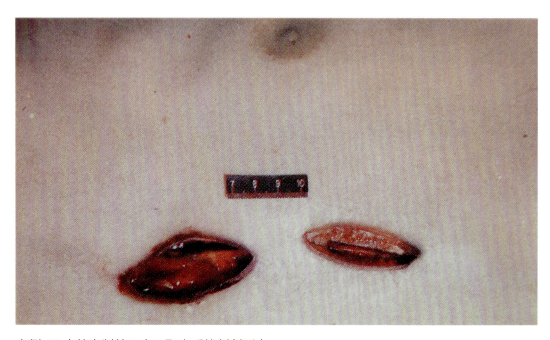

案例 40 中的自制单刃尖刀取出后的刺创形态。

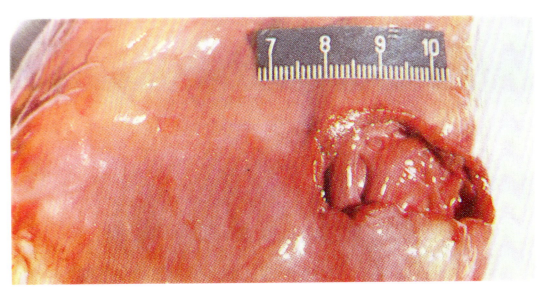

案例 40 中的自制单刃尖刀所致右心室刺创。

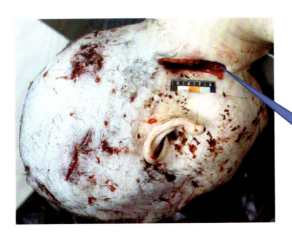

左颈项创口

右颈项创口

案例 41 中的尖刀所致左颈项部一
6.3cm×1.1cm 斜行哆开创口，创角
内上锐外下钝，深达颈椎。

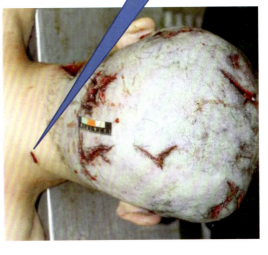

案例 41 中的尖刀所致右颈项部一
1.3cm×0.6cm 横行创口，创角外锐
内钝，深达肌层。

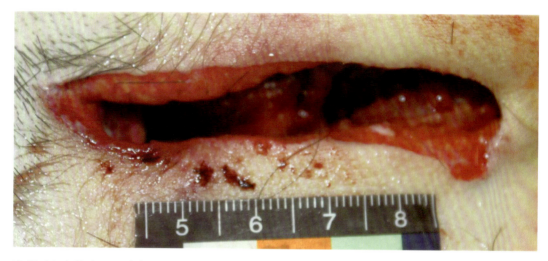

案例 41 中的尖刀所致左颈项部一斜行剿开创口（放大观），创角内上锐、外下钝，深达颈椎。

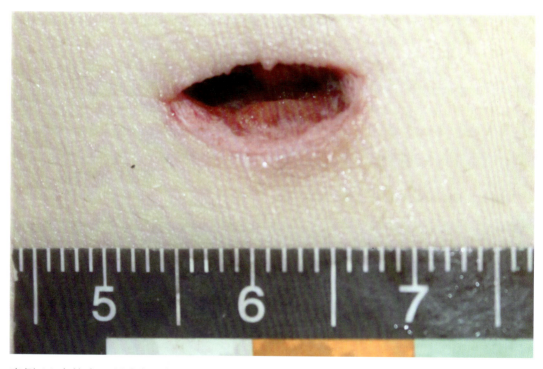

案例 41 中的尖刀所致右颈部一 1.3cm×0.6cm 横行创口（放大观），创角外锐内钝，深达肌层。

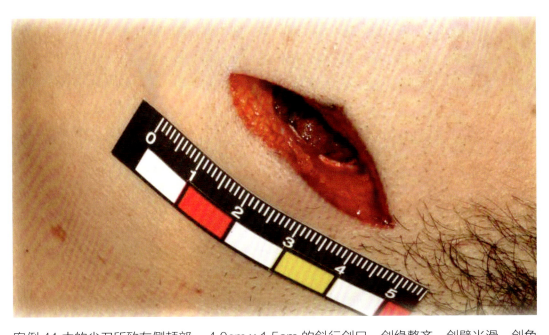

案例 41 中的尖刀所致左侧颊部一 4.0cm×1.5cm 的斜行创口，创缘整齐，创壁光滑，创角内下钝外上锐，创腔内无组织间桥，深达口腔。

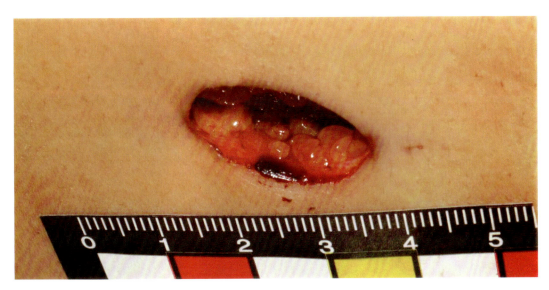

案例 42 中的尖刀所致左腋中线平行 6、7 肋间处一 2.0cm×1.1cm 纵行创口，创缘整齐，创壁光滑，创角上锐下钝，创腔内无组织间桥，深达肌层。

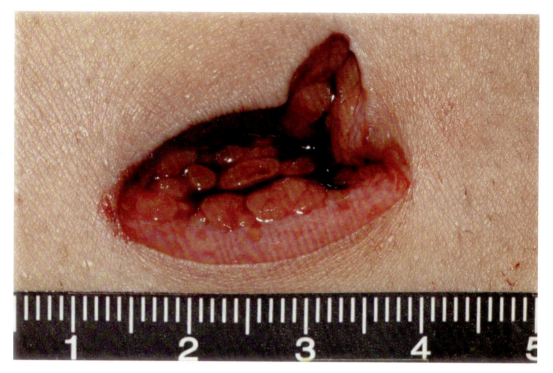

案例 42 中的尖刀所致左侧肩胛下角线平行 6、7 肋间处一 2.7cm×1.6cm 斜行创口，创缘整齐，创壁光滑，创角外上锐内下钝，创腔内无组织间桥，深达胸腔。

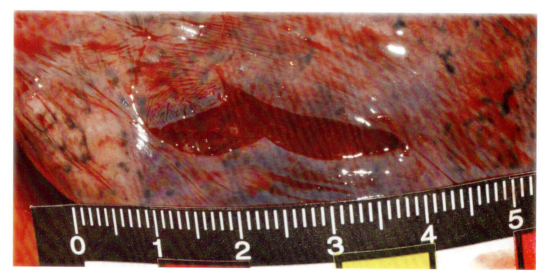

案例 42 中的尖刀所致左肺下叶一贯通创，入口长 2.5cm，出口长 1.2cm。

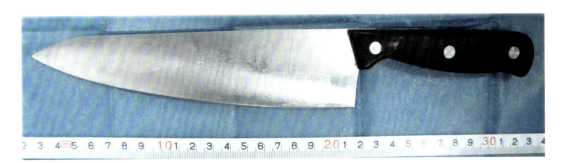

案例 43 中的单刃小刀。

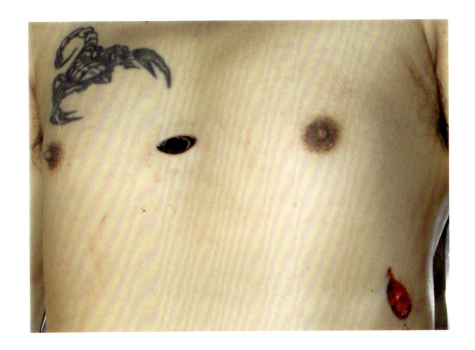

案例 43 中的
单刃小刀所
致胸部刺创。

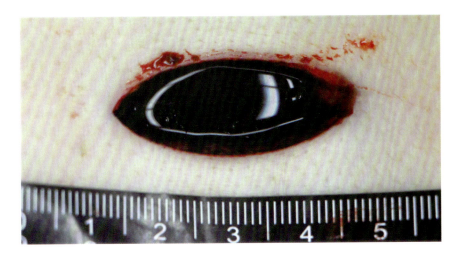

案例 43 中的
单刃小刀所
致胸部刺创
（放大观）。

案例 44 中的单刃小刀。

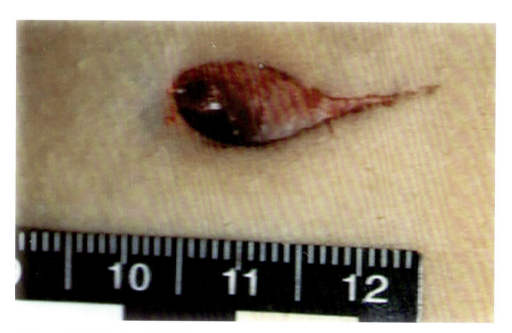

案例 44 中的单刃小刀所致刺创。

案例 45 中的屠刀，屠刀是指宰杀牲畜的刀具。

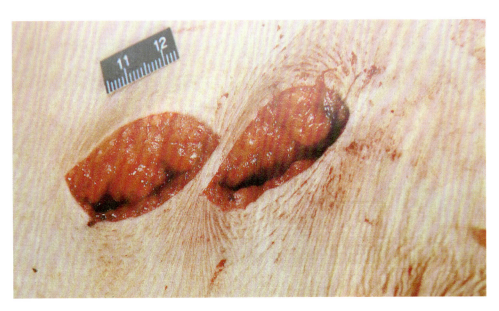

案例 45 中的屠刀尖端所致胸部刺创。

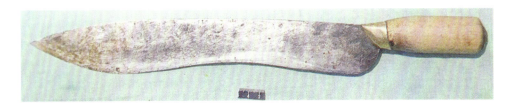

案例 46 中的屠刀。

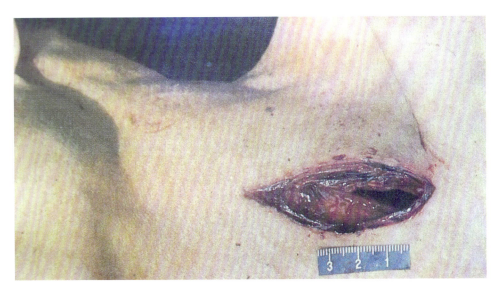

案例 46 中的屠刀所致颈部刺创。

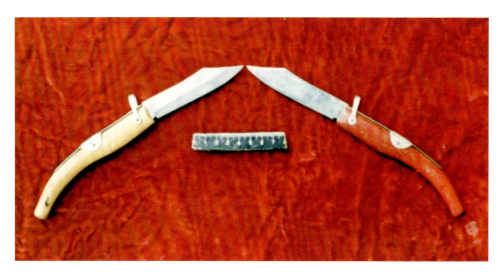

这是两把水果刀。

案例 47 中的水果刀。

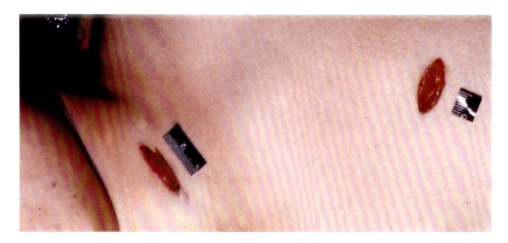

案例 47 中的水果刀所致颈部、胸部刺创。

案例 48 中的多用水果刀。

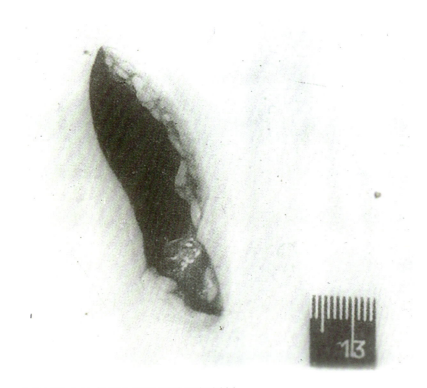

案例 48 中的多用水果刀所致颈部刺创。

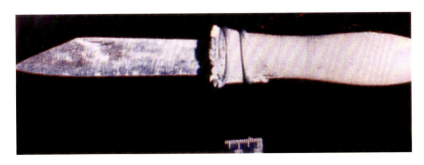

案例 49 中的水果刀。

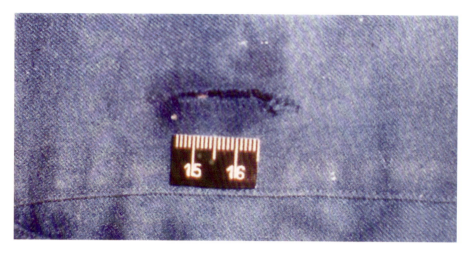

案例 49 中的水果刀所致裤子上的刺破口。

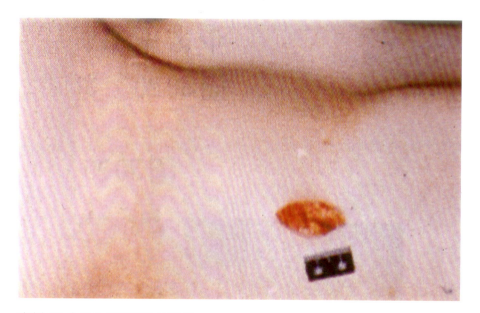

案例 49 中的水果刀所致的刺创。

案例 50 中的单刃小刀。

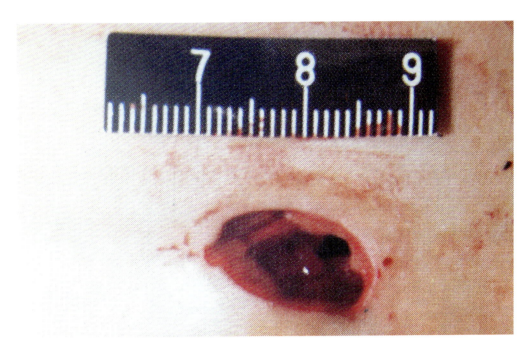

案例 50 中的单刃小刀所致右上腹刺创。

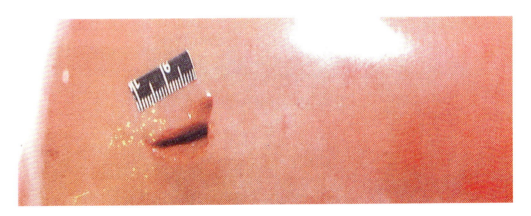

案例 50 中的单刃小刀所致肝脏右叶刺创。

案例 51 中的单刃小刀。

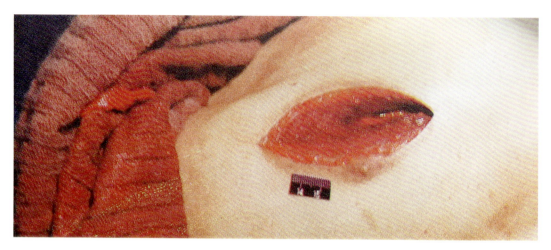

案例 51 中的单刃小刀所致左胸部刺切创。

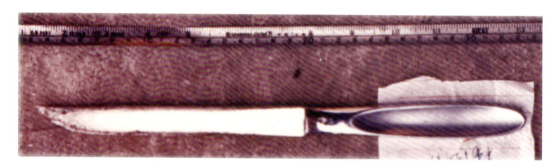

案例 52 中的兽医单刃解剖刀，刀刃长 16.5cm。

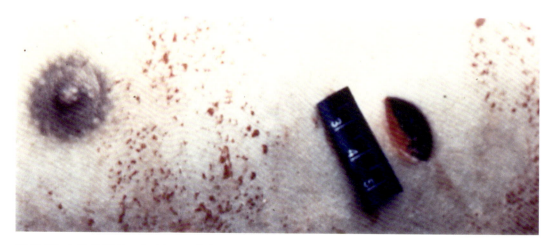

案例 52 中的兽医单刃解剖刀所致右上腹部的刺创。

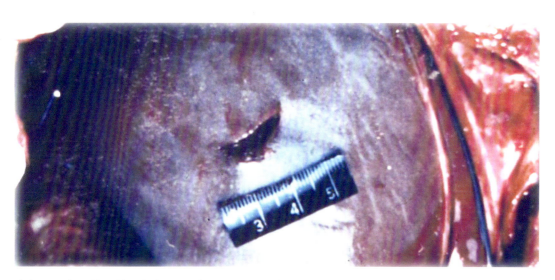

案例 52 中的兽医单刃解剖刀所致肝脏上的刺破口。

## 12. 木工凿

　　木工凿是木工在木料上凿制榫头、槽沟及打眼时用的工具。刃口有平口、斜口、半圆口三种。木工凿刃口宽度有6.4mm、7.9mm、9.5mm、12.7mm、15.9mm、19.1mm、22.2mm、25.4mm、31.7mm、38.1mm、44.4mm、51mm 等。

　　木工凿的刃口锋利，体扁平，截断面呈扁梯形，边平直锐。直刺创口呈梭形，近两端处的创缘可有与之垂直的小创角出现。

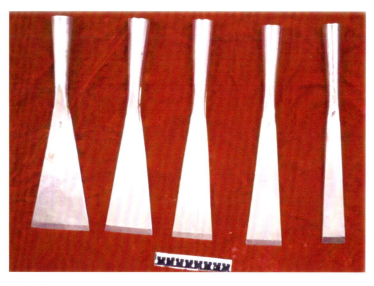

斜口凿

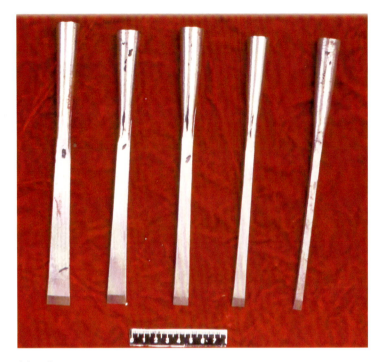

斜口凿。

斜口凿。

半圆口凿。

案例 53 中的木工凿（斜口凿）。

案例 53 中的木工凿所致面部刺创。

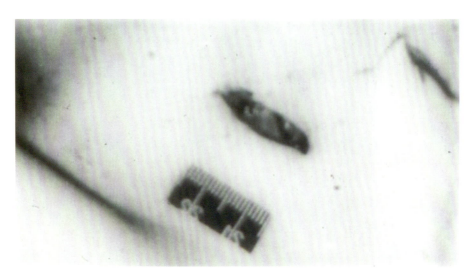

案例 53 中的木工凿所致颈部刺创。

## 13. 短剑

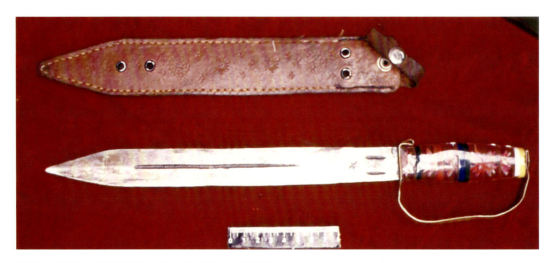

这是一把花把双刃短剑，刀刃长 27cm，刀面宽 2.7cm。

案例 54 中的短剑。

案例 54 中的短剑所致左胸部刺创（短剑部仍在创内）。

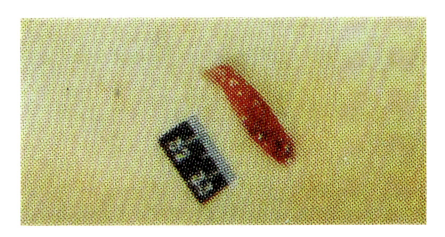

案例 54 中的短剑所致左胸部刺创。

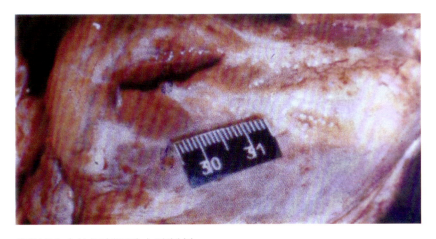

案例 54 中的短剑所致心脏刺创。

### 14. 取样器

取样器又称探子。它是由一根具有凹槽的钢管制作而成。取样器的一端呈尖形，另一端装木柄，一般为 50~60cm。

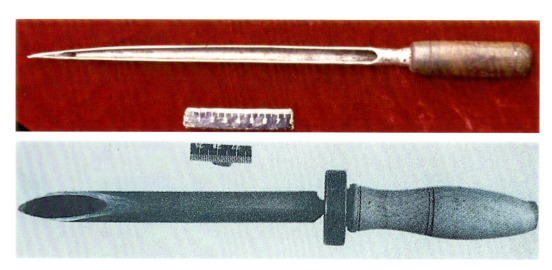

案例 55 中的取样器。

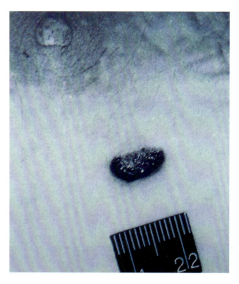

案例 55 中的取样器所致的刺创。

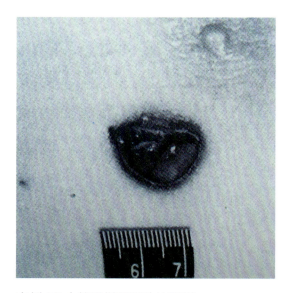

案例 55 中的取样器所致的刺创。

案例 56 中的取样器。

案例 56 中的取样器所致衣服上的刺创。

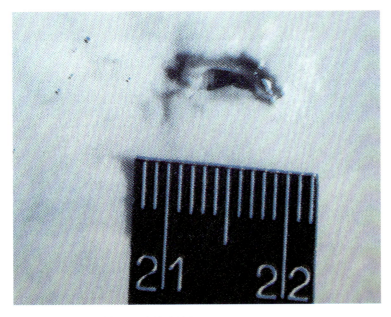

案例 56 中的取样器所致的刺创。

# 第二节　菜刀与损伤

## 一、菜刀

菜刀为厨房刀具，以切菜的功能而得名。菜刀的规格较多，有专门厂家制造的，有民间铁匠根据用户需要而打制的。按国家有关标准，菜刀的分类如下：

方头民用菜刀，刀刃长分别为 18cm、17cm、16cm；圆头民用菜刀，刀刃长分别为 17cm、16cm、15cm、14cm；金条式菜刀，刀刃长分别为 18cm、17cm、16cm；铁柄菜刀，刀刃长 20cm。

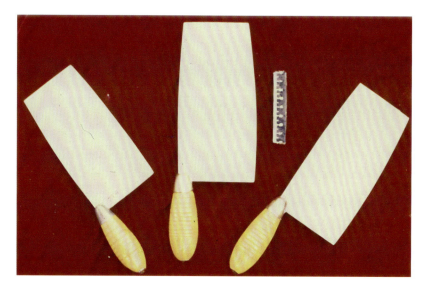

方头民用菜刀。

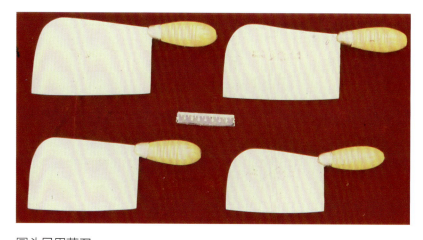

圆头民用菜刀。

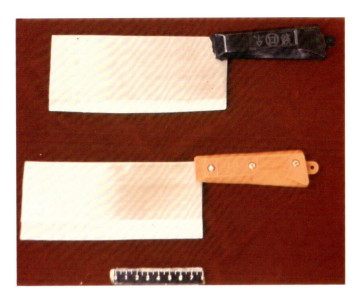

金条式菜刀。

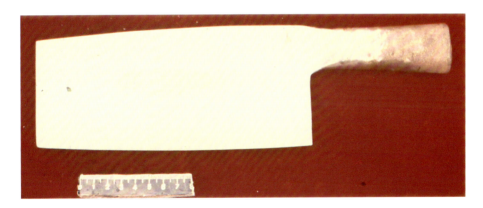

铁柄菜刀。

方头民用菜刀。

## 二、案例中的菜刀

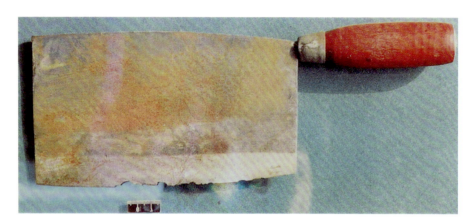

这是一把刀刃多处缺损的菜刀。

这是一把刀刃多处卷刃的菜刀。

菜刀 1。

菜刀 2。

菜刀 3。

菜刀 4。

## 三、菜刀与损伤

菜刀的功能不仅可以切，而且可以砍，由于可切可砍，常被用来作为杀人凶器。在他杀案件中以砍为多，在自杀案件中以切割为多。

由于菜刀刃较长，形成的创口一般可达 10cm 以上。由于人体表面多近于弧形，砍击时刀刃不易与体表全部接触，所以创口一般不超过刀刃长度。砍击时若有滑动或拖切，创口可延长而超过刀刃长度。若刃部的一端砍入，创角则一钝一锐；倾斜砍击时，可呈瓣状创；伤及骨质时，可呈线状骨裂或骨片剥离。菜刀切割创一般创口较长，反复切割，创口加深，剐开明显；创缘或创两端出现多个小创角或刺痕。自杀者造成的切割创起始端较深，收尾端较浅，创的一角可见细条状鱼尾样切痕。

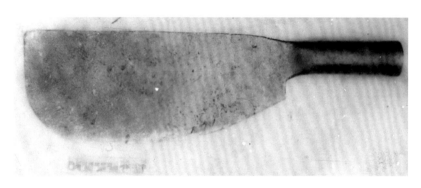

案例 1 中的铁柄菜刀。

案例 1 中的铁柄菜刀所致头皮砍创。

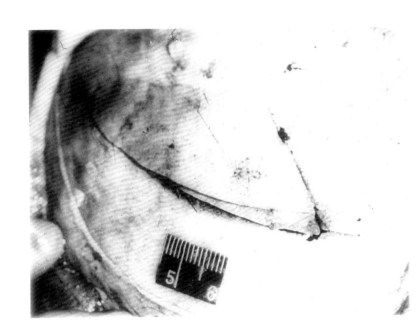

案例 1 中的铁柄菜
刀所致颅骨砍痕。

案例 1 中的铁柄菜
刀所致背部砍创。

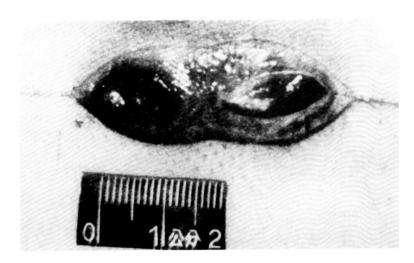

案例 2 中的菜刀。

案例 2 的现场。

案例 2 中的菜刀所致颈部多次砍创。

案例 3 中的菜刀。

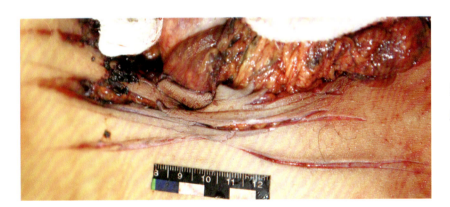

案例 3 中的菜刀
所致颈部试刀伤。

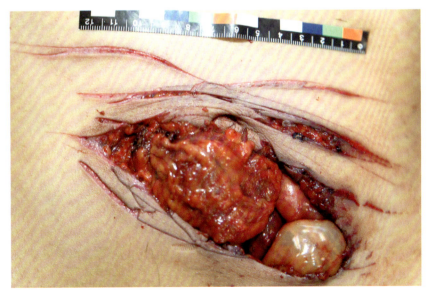

案例 3 中的菜刀
所致腹部试刀伤。

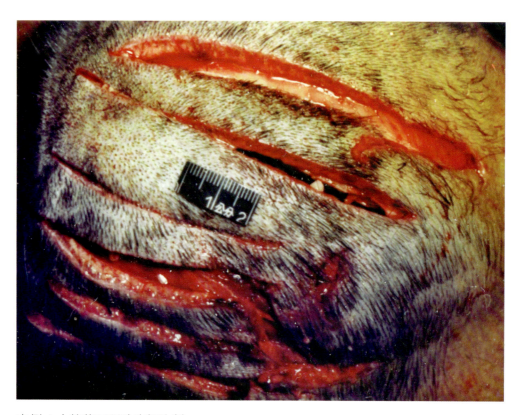

案例 4 中的菜刀所致头部砍创。

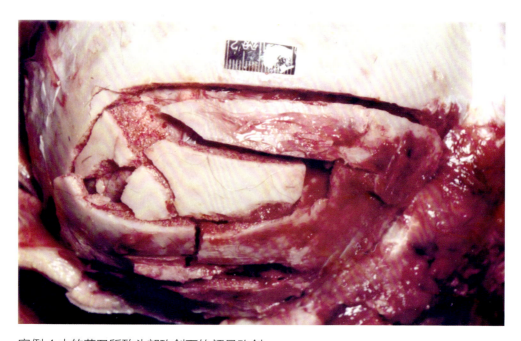

案例 4 中的菜刀所致头部砍创下的颅骨砍创。

案例 5 中的菜刀。

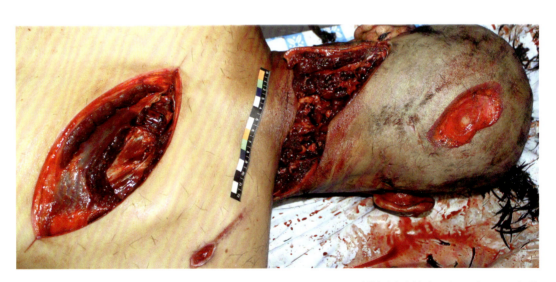

案例 5 中的菜刀所致顶枕部正中头皮缺失 7.5cm×3.5cm，创缘创壁整齐，深及颅骨；左乳突至颈部见创口 19cm×9cm，创缘创壁整齐，创角皆锐，颈 5、7 椎骨骨折，深及椎管前壁，脊髓离断；胸 3 椎骨至右肩胛下角见 19cm×7.5cm 创口，肩胛骨骨折，深及右胸腔。

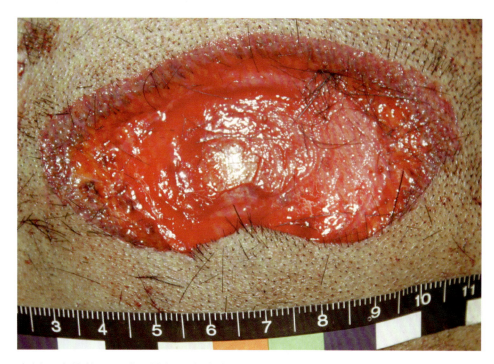

案例 5 中的菜刀所致顶枕部正中头皮缺失 7.5cm×3.5cm，创缘创壁整齐，深及颅骨（放大观）。

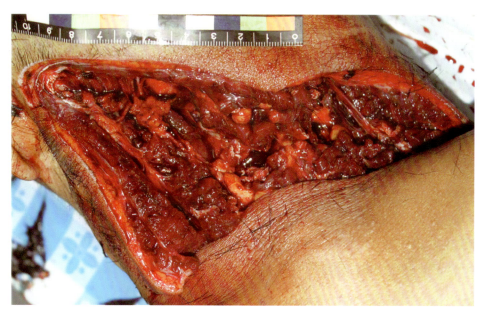

案例 5 中的菜刀所致左乳突至颈部一处 19cm×9cm 的创口，系 2 个创口汇合形成，创缘创壁整齐，创角皆锐（放大观）。

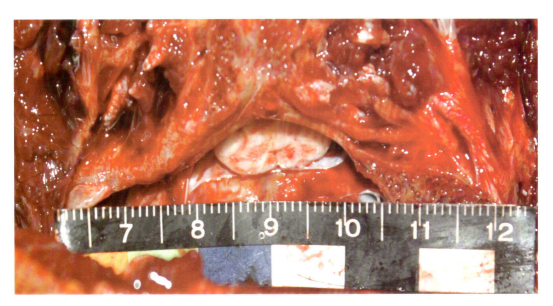

案例 5 中的菜刀所致颈椎砍创深达椎管前壁，脊髓离断（放大观）。

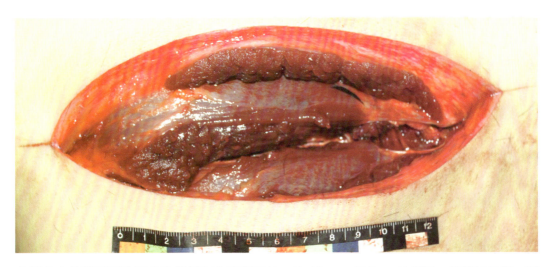

案例 5 中的菜刀所致第 3 胸椎骨至右肩胛下角一处 19cm×7.5cm 的创口，肩胛骨骨折，深及右胸腔（放大观）。

案例 6 中的菜刀。

案例 6 中的菜刀所致额面部在 22.0cm×14.0cm 范围内反复被砍切后损伤，组织挫碎严重不能辨清创口数量，最长 12.0cm，最短 1.5cm，深达骨质，颜面不可辨。额部见 7.5cm×6.0cm 皮肤组织及骨质缺失区，可见破裂的硬脑膜及部分挫伤的脑组织；左眼、鼻子及上下唇外形结构完全破坏，部分组织缺失；左颧骨、鼻骨、上下颌骨见多处骨折。

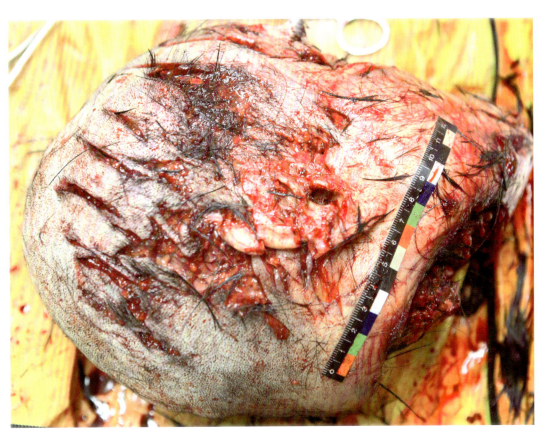

案例 6 中的菜刀所致右额颞枕头皮至耳垂下在 15.0cm×14.0cm 范围内纵横交错长短不一的创口，组织挫碎不能辨清创口数量，最长 14.0cm，最短 2.0cm，最深达骨质，部分头皮及耳垂缺失。

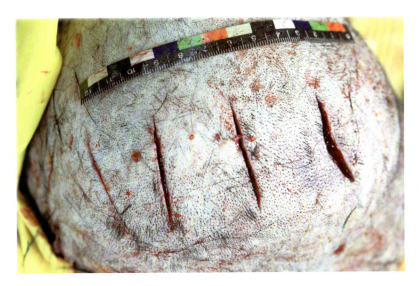

案例 6 中的菜刀所致左顶部至枕部头皮处长分别为 5.0cm、4.2cm、3.8cm、4.5cm 的四条横行创口，创缘整齐，创壁光滑，创角皆锐，创腔内无组织间桥，深达骨质。

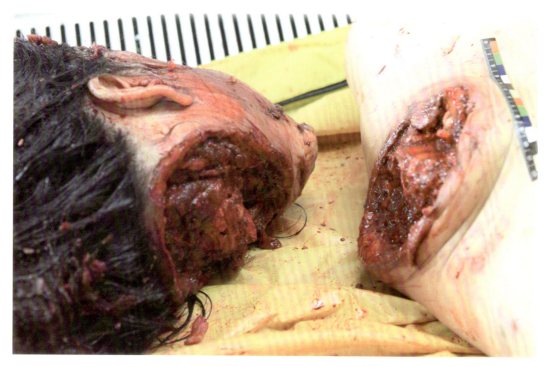

案例 6 中的菜刀所致头与躯干于甲状软骨上第 3 颈椎处完全离断。

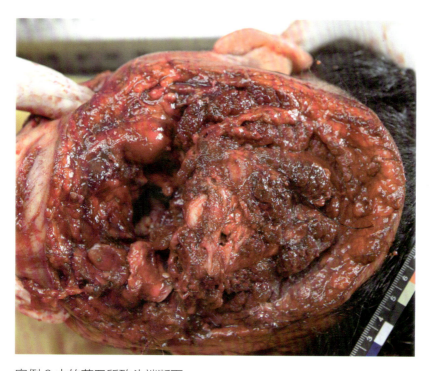

案例 6 中的菜刀所致头端断面。

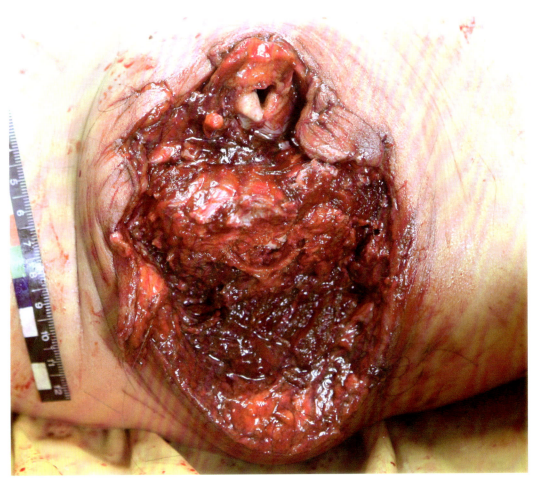

案例 6 中的菜刀所致躯干端断面、颈部皮肤组织呈锯齿状并可见多条浅表皮肤划伤，颈部皮肤亦可见多条切划伤。

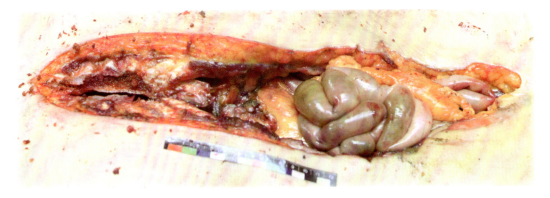

案例 6 中的菜刀所致胸腹部正中自胸骨体上段至脐上 7.0cm 处一纵行 34.5cm×6.8cm 的创口，创缘整齐，创壁光滑，创角难以辨认，创腔内无组织间桥，深达胸腹腔，无生活反应。

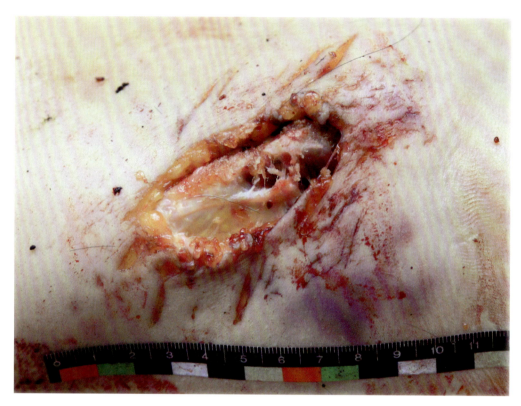

案例 6 中的菜刀所致右髋骨处 6.3cm×3.0cm 皮肤缺失，周围皮肤伴条形划伤，无生活反应，髋骨上可见多条砍痕。

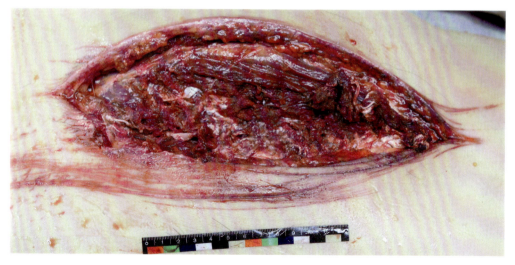

案例 6 中的菜刀所致背部正中自第 3 胸椎至第 1 腰椎处一 24.5cm×8.6cm 创口，创缘整齐，创壁光滑，创角皆锐，创腔内无组织间桥，深达脊柱，创口左侧见多条纵行皮肤浅表划痕，生活反应不明显。

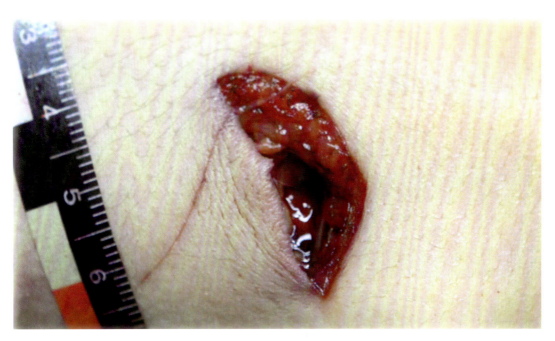

案例 6 中的菜刀所致右前臂下段背侧处一 2.9cm×1.1cm 创口。

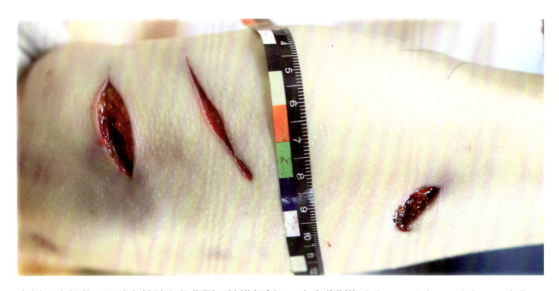

案例 6 中的菜刀所致左前臂上段背侧三处横行创口，大小分别为 3.0cm×1.0cm、4.0cm×0.5cm、
1.2cm×0.5cm。

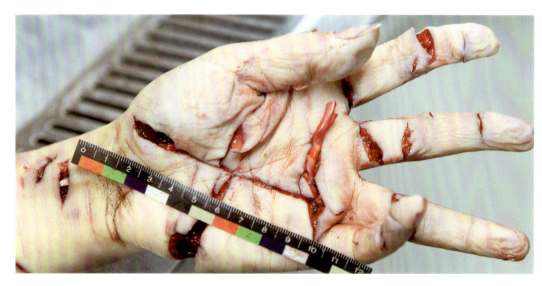

案例 6 中的菜刀所致左前臂下段前侧腕横纹上两处横行创口，大小分别为 3.0cm×0.5cm、1.1cm×0.3cm；左手掌及手指见多条创口，最长 8.5cm，最短 0.8cm；创缘整齐，创壁光滑，创角锐，创腔内无组织间桥，最深创达骨质。

案例 7 中的菜刀所致背部衣着破口。

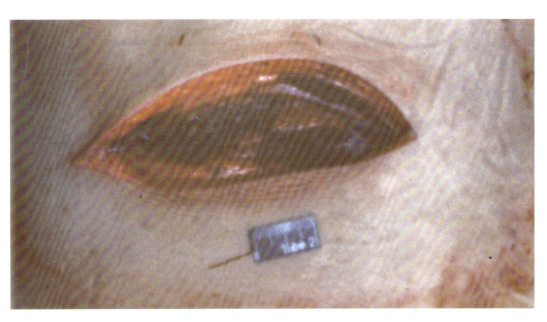

案例 7 中的菜刀所致背部砍创。

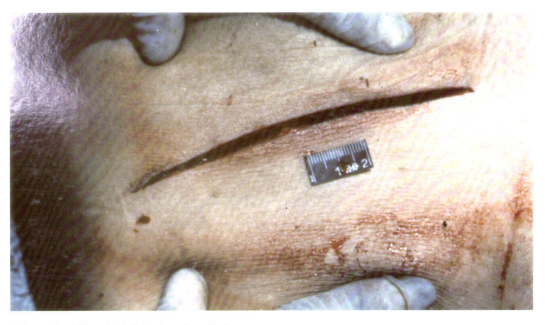

案例 7 中的菜刀所致背部砍创合拢状态。

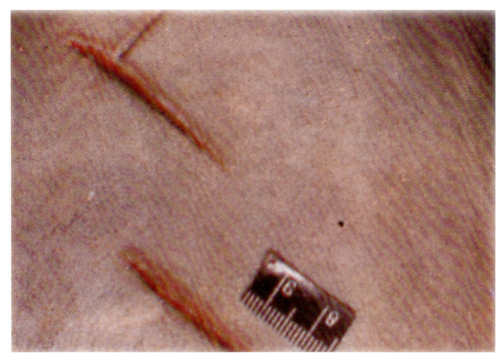

案例 8 中的菜刀所致头顶部的垂直砍创。

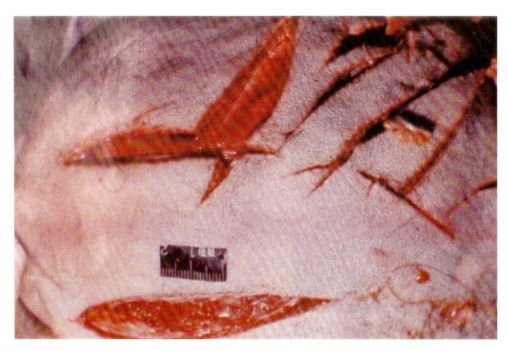

案例 9 中的菜刀所致头部两处砍创相交叉，形成对称性皮瓣，并因创缘组织收缩，使两处创口豁开呈两个弓形交叉创口。

案例10中的菜刀所致头顶部的垂直砍创，部分创口交叉融合，创底有线性骨折。

案例 11 中的菜刀所致颞部菜刀垂直砍创。

案例 12 中的菜刀所致颅骨上的菜刀砍痕。一端伴有延伸性骨折线。

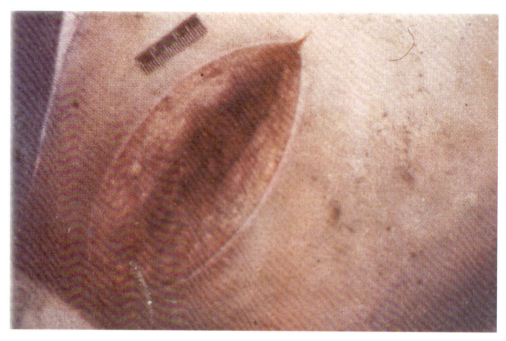

案例 13 中的菜刀所致臀部的垂直砍创。

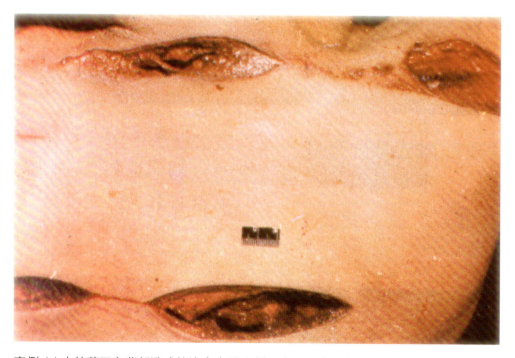

案例 14 中的菜刀在背部造成的连合直垂砍创。由于两肩胛部较凸起，肩胛间区相对低凹，平直的刀刃垂直砍击时，低凹处与刀刃接触较轻而造成。

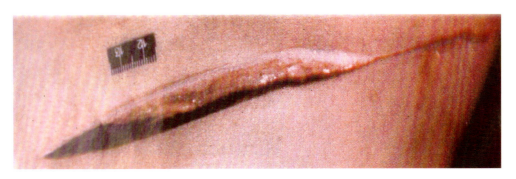

案例 15 中的菜刀所致右背部外侧菜刀偏击砍创。

案例 16 中的菜刀在头顶部成切线砍击形成的头皮及颅骨的片状缺损。

案例 17 中的菜刀所致额部的砍切创。

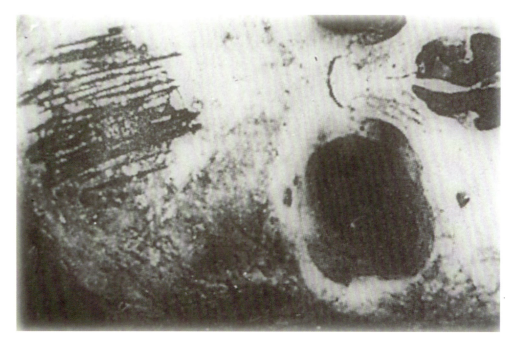

案例 18 中的菜刀所致颅骨上的砍创。

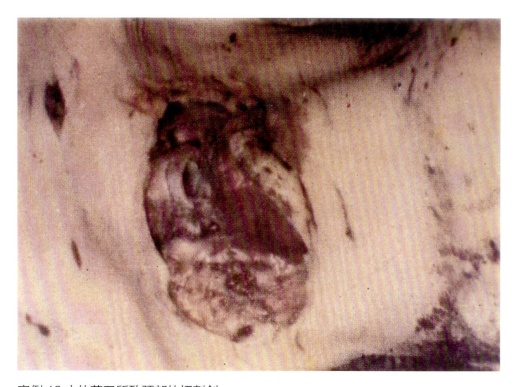

案例 19 中的菜刀所致颈部的切割创。

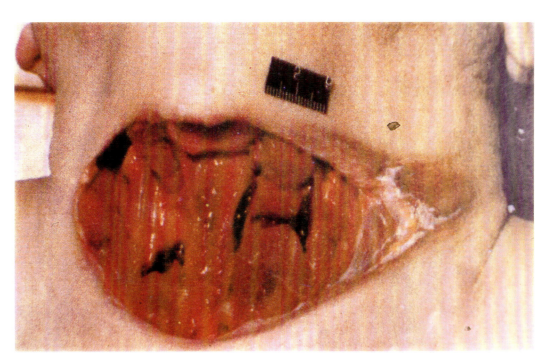

案例 20 中的菜刀所致颈部的切割创。

案例 21 中的菜刀所致颈椎上的切痕。

# 第三节　其他锐器与损伤

## 一、电工刀与损伤

### （一）电工刀

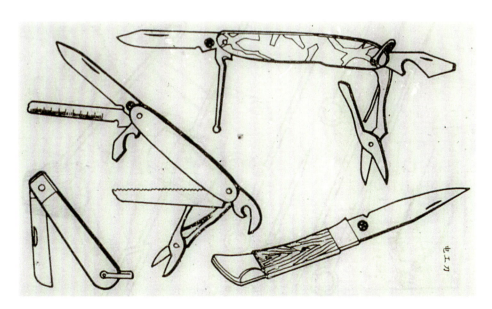

各种电工刀手绘图。

两用电工刀。

## （二）电工刀与损伤

案例 1 中的电工刀。

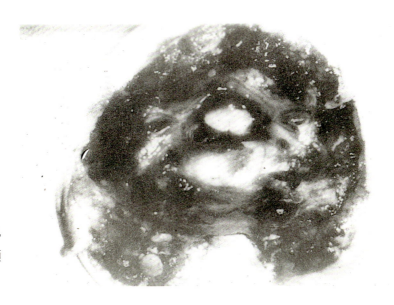

案例 1 中的电工刀切割断颈部断创面。

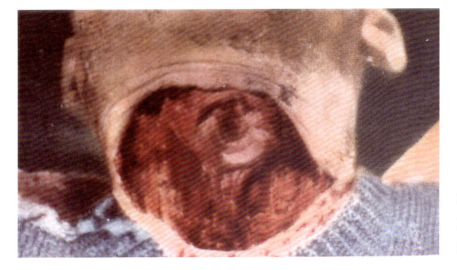

案例 2 中的电工刀所致的颈部切割创。

## 二、剃刀与损伤

### （一）剃刀

　　剃刀是剃头发和修面的专用工具，它的刀刃极锋利。作为凶器使用时，它的作用为切割。若反复切割，创口较大较深。

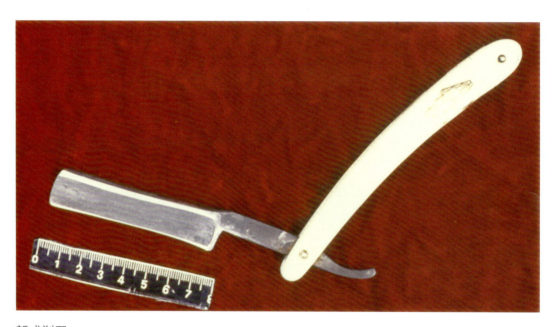

新式剃刀。

### （二）剃刀与损伤

案例 1 中的旧式剃刀。

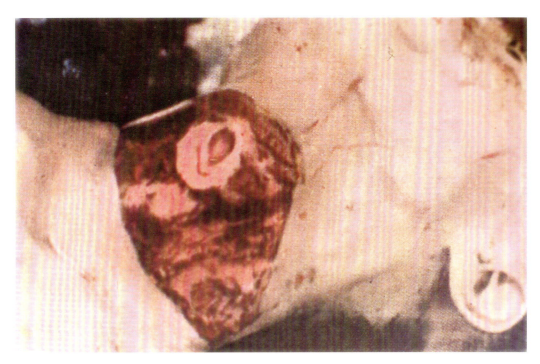

案例 1 中的剃刀所致颈部的切割创。

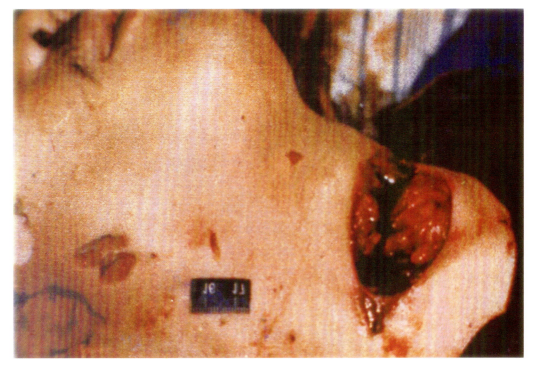

案例 2 中的剃刀所致颈部的切割创。

## 三、修面刀片与损伤

### （一）修面刀片

修面刀片有双面刀片和单面刀片，其功能是用于刮胡须或修面。作为凶器使用时，其主要功能是切割。由于刀片薄而锋利，它常用于切割表浅的血管，如颈部、肘部、腕部、腹股沟、内踝等处的血管，可能造成出血性休克并引发死亡。

创口一般较小，但反复切割，亦可造成梭形剜开的创口。创缘多不整齐，常有多个小创角及平行的细划伤，创角也多有细划痕出现。

双面刀片。

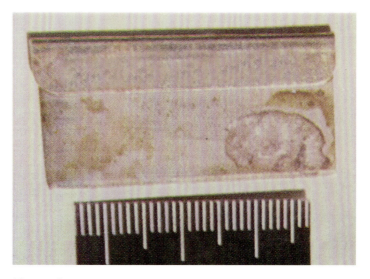

单面刀片。

## （二）修面刀片与损伤

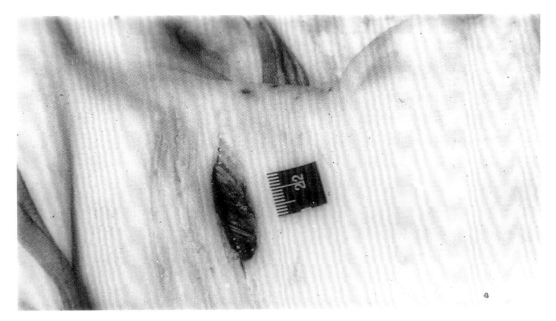

案例 1 中的双面刀片所致颈部的切割创，创周伴有明显的细划痕。

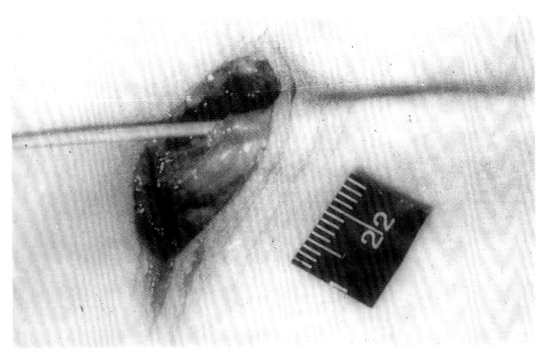

案例 1 中的双面刀片所致肘部的切割创，血管已被切断，创周伴有明显的细划痕。

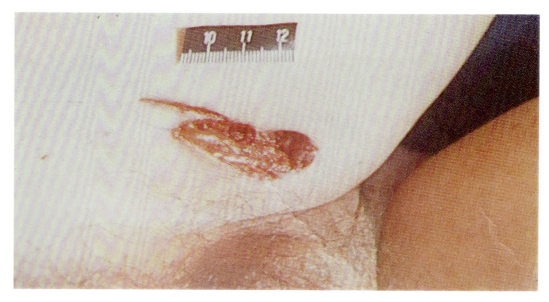

案例 2 中的单面刀片所致大腿上部切割创。

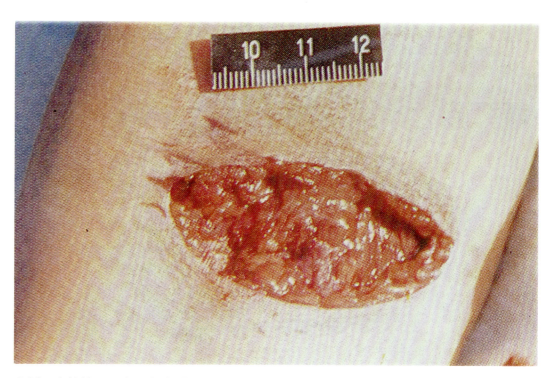

案例 2 中的单面刀片所致肘部切割创。

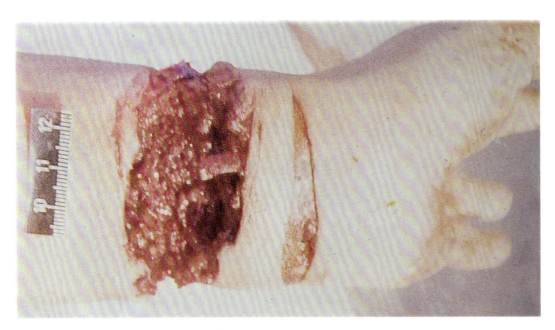

案例 2 中的单面刀片所致腕部切割创。

# 四、战刀与损伤

## （一）战刀

战刀也称为马刀，是过去战争中骑兵冲锋时用的武器。其刃长、锋利，使用方便，杀伤力较强。它的作用为砍，也可用于刺。用于砍击时，创口长、创道深、创缘、创壁整齐，在砍击颈及肢体时，可将颈及肢体砍断；用于刺击时，可刺穿人体的胸腔或腹腔。

战刀（又称马刀）。

## （二）战刀与损伤

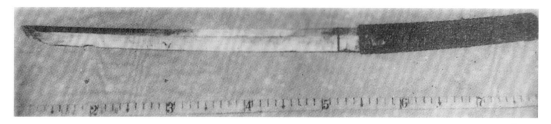

案例 1 中的战刀。

案例 1 中的战刀所致左背部砍创。

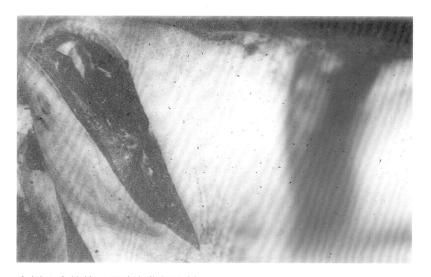

案例 1 中的战刀所致右背部砍创。

案例 2 中的战刀。

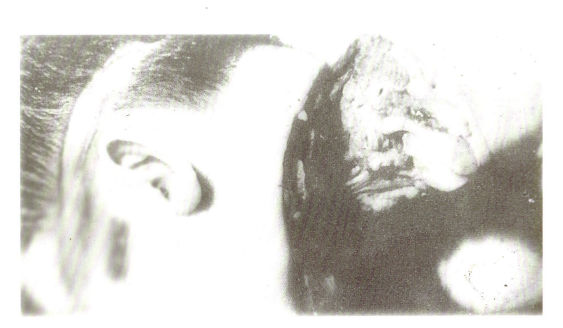

案例 2 中的战刀所致头颈部砍创，颈部几乎砍断。

案例 3 中的战刀，刃长 58cm，刀面宽 3cm。

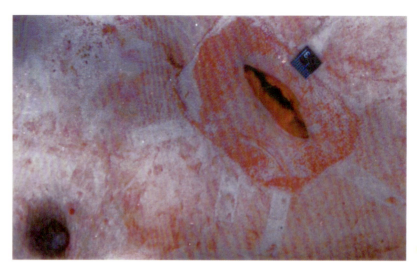

案例 3 中的战刀所致右胸部刺创，创口大小为 4.5cm×1.5cm。

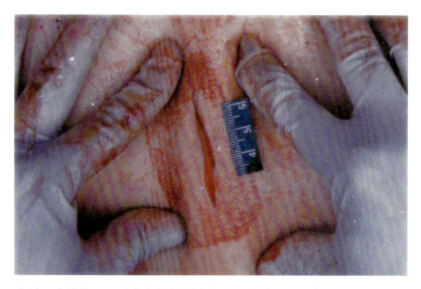

案例 3 中的战刀所致右胸部刺创合拢的形态（刺入口），长 5cm。

案例 3 中的战刀所致背部右侧刺创（刺出口）。

## 五、剪刀与损伤

### （一）剪刀

剪刀是剪切布、纸、钢板、绳、圆钢、食材等物体的双刃工具，两刃交错形成剪切力，使被剪物体分离。常根据不同用途而命名，如裁缝剪、厨房多功能剪、文具剪、园林剪等。案例中常见普通的剪布剪和厨房多功能剪。

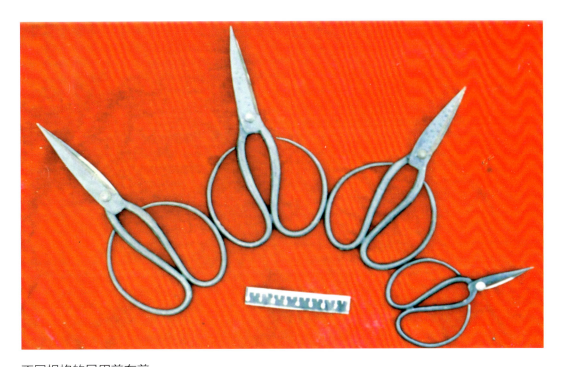

不同规格的民用剪布剪。

裁缝剪，用于裁剪布料。

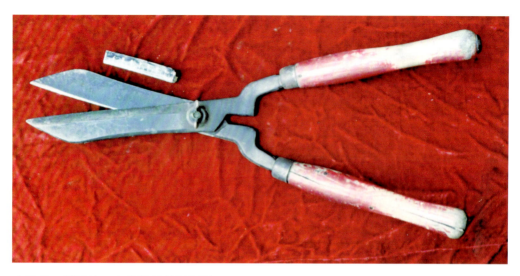

大修剪，供园艺工人修整花草及树枝。

厨用多功能剪。

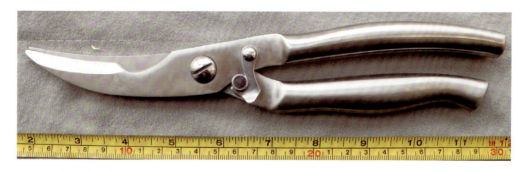

厨用剪小骨剪肉剪。

## （二）剪刀与损伤

案例 1 中的厨用多功能剪。

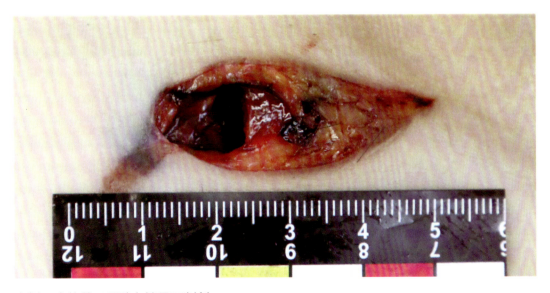

案例 1 中的剪刀所致左锁骨下刺创。

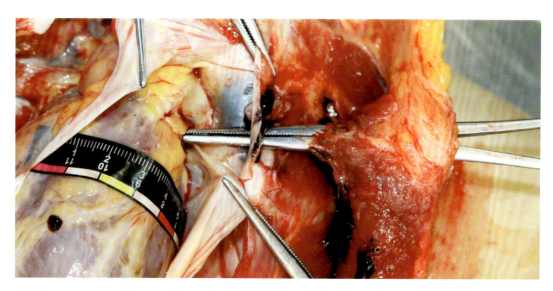

案例 1 中的剪刀所致左锁骨下刺创，创道进入心脏。

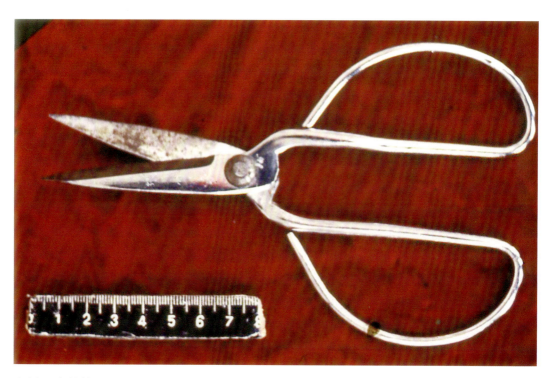

案例 2 中的剪刀。

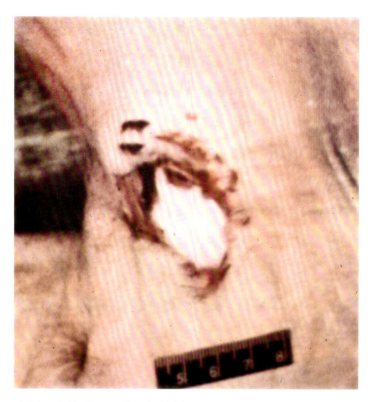

案例 2 中的剪刀所致颈部剪创。

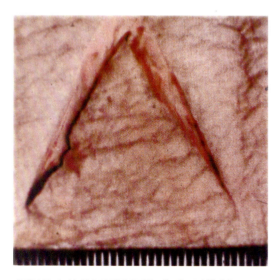

案例 2 中的剪刀所致下肢"∧"形剪创。

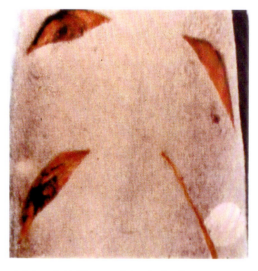

案例 2 中的剪刀所致上肢"八"字形剪创。

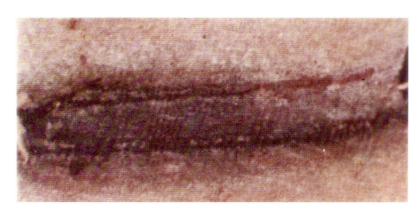

案例 3 中的剪刀所致皮肤上的线状划痕。

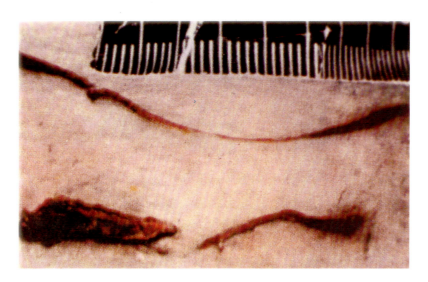

案例 3 中的剪刀所致颈部剪创。

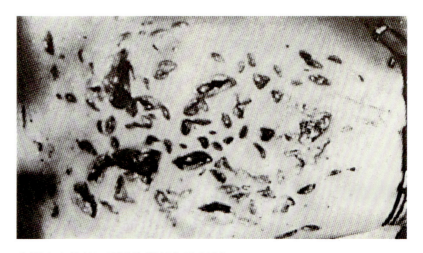

案例 4 中的剪刀所致胸腹部各种刺创。

案例 5 中的剪刀。

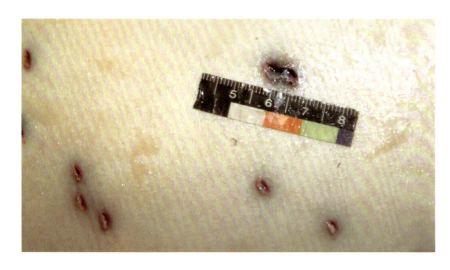

案例 5 中的剪刀
所致胸腹部刺创。

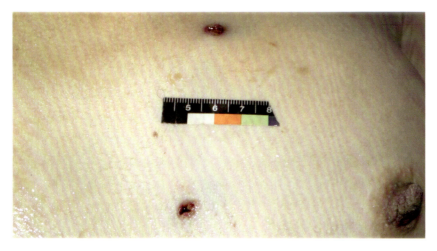

案例 5 中的剪刀
所致上胸部刺创。

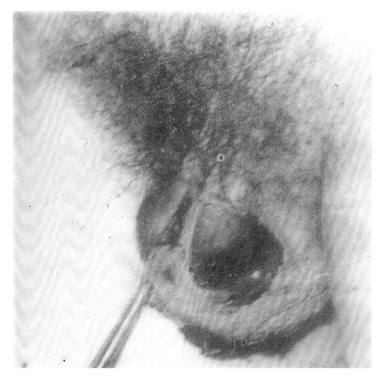

案例 6 中的剪刀所致阴茎剪断创。

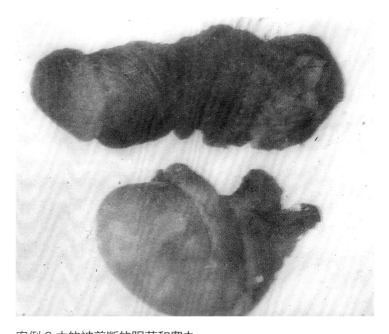

案例 6 中的被剪断的阴茎和睾丸。

## 六、斧刃与损伤

### （一）斧

斧由斧体和斧柄组成，斧体为铁质，斧柄一般为木质。斧体分斧背（或称斧顶）和斧刃两部分。斧背有正方形、长方形和圆形三种，后者较少见。斧的种类较多，按其用途可分为木工斧、柴斧、砍肉斧、石工斧和消防斧等。

### 1. 木工斧

木工斧有单面斜刃和双面斜刃（手绘示意图）。

工厂打制的木工斧体。

工厂打制的木工斧（单面斜刃）。

## 2. 柴斧

柴斧的主要功能是劈砍柴火。

工厂打制的各式柴斧。

### 3. 砍肉斧

砍肉斧的主要功能是劈砍肉和骨。

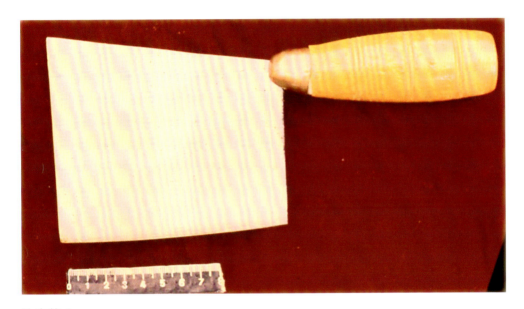

砍肉斧 1。

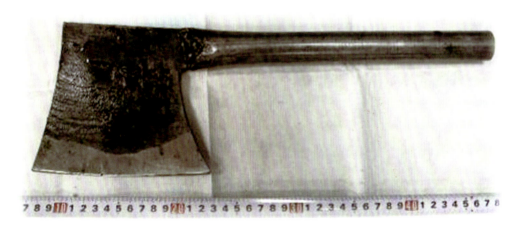

砍肉斧 2。

## 4. 石工斧

石工斧的主要功能是劈砍石料。

## 5. 消防斧

消防斧的功能是在灭火时，用于拆除障碍物。如果在火灾发生的时候有人被困在室内，门窗被锁或通道被障碍物阻挡，就可以用消防斧头劈开门窗或障碍物，解救被困人员。

消防尖斧。

这两把消防斧，上为消防平斧，下为消防尖斧。

这是消防腰斧。

## （二）斧刃与损伤

斧类工具虽多，但在案件中以木工斧和柴斧作为凶器的较常见。因为这种斧的柄较短（一般为 37cm 左右），具有一定重量（一般为 1kg 左右），便于携带，杀伤力强，并容易获取，故常被当作凶器使用。在命案中斧背打击或斧刃砍击较常见，两者兼用较少见。

木工斧刃长度一般为 8cm 左右。斧刃形成的损伤主要是砍创。砍创一般成形剟开或条状，长度与斧刃长基本一致，创缘常有窄条表皮剥脱。由于砍击方向不同会形成不同的砍创。

案例 1 中的砍肉斧。

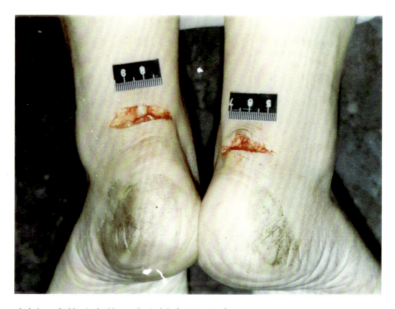

案例 1 中的砍肉斧所致砍创（死后伤）。

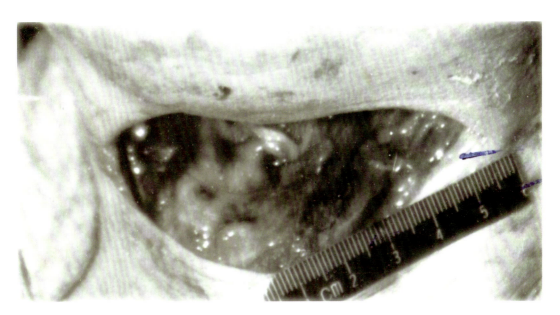

案例 2 中的砍柴斧所致颈部砍创。

案例 2 中的砍柴斧所致额部多次砍击创。

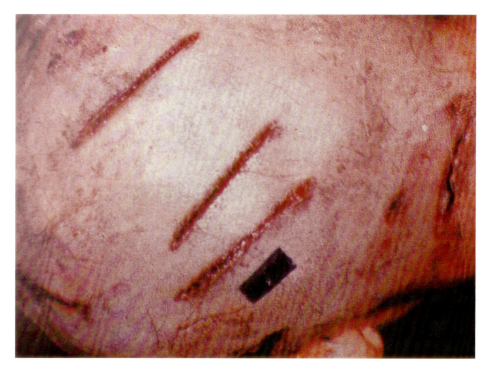

案例3中的斧刃垂直砍击头部造成的条状砍创，因力量较小，斧刃较钝，创口未豁开，创缘有窄条挫伤带。

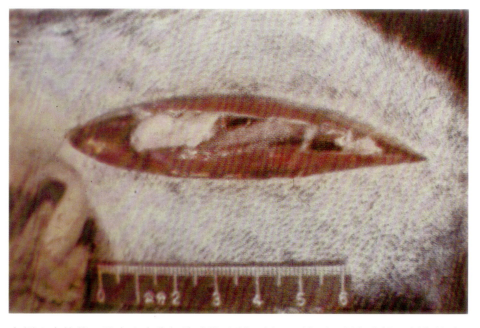

案例4中的斧刃垂直砍击头部造成的砍创。创口呈梭形，创角尖锐，创缘整齐，创底颅骨骨折。

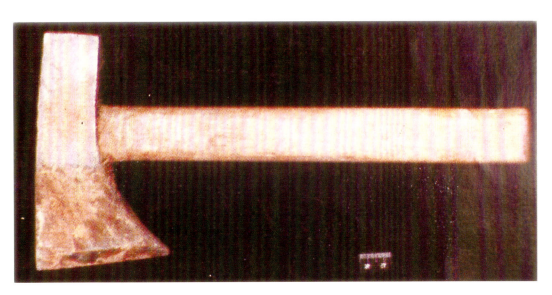

案例 5 中的木工斧（为单面斜刃）。

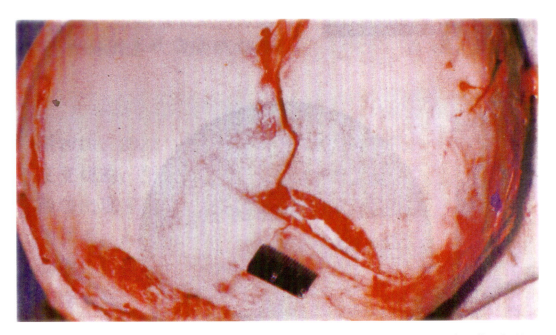

案例 5 中的木工斧斧刃（单面斜刃）垂直砍击头部，颅骨形成弓状骨折。形成弓状骨折的原因是斧刃砍入颅骨时，因劈力的作用，斧刃的斜面骨裂边缘向颅内方向挤压，致使附近的颅骨外板崩裂、翘起或脱落而形成弓状骨折。

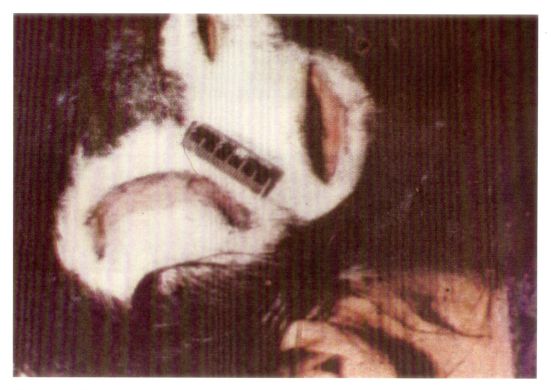

案例 6 中的斧刃倾斜砍击形成的弧形创或瓣状创。

案例 6 中的斧刃倾斜砍击在枕部的砍创，在骨质上留有倾斜砍痕。

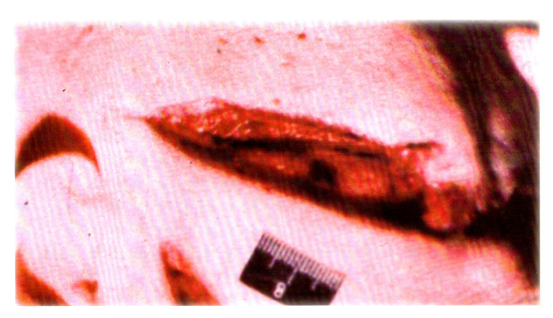

案例 7 中的斧刃垂直砍击，一端着力较重造成的砍创。创角一端较钝，一端较锐。

案例 8 中的斧刃垂直砍击，一端着力砍入颅骨形成的三角形孔状骨折，线状砍痕为菜刀所致。

## 七、柴刀与损伤

柴刀是以它能劈、砍树枝做柴火而得名。柴刀式样很多，所造成的损伤也各有不同。柴刀的刃的长度一般为16~20cm。

## （一）各式柴刀

铁匠打制的方头砍柴刀。

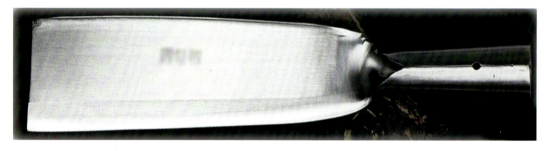

工厂打制的方头砍柴刀。

工厂打制的圆头砍柴刀。

圆头砍柴刀，有些地区称"杉刀"或砍刀，刃长 18cm。

军用丛林开路刀，主要功能是劈、砍。它是我国南方部队在丛林地区战训时用于开路的一种专用工具，刃长 27.8cm，宽 6.8cm，背厚 0.85cm。

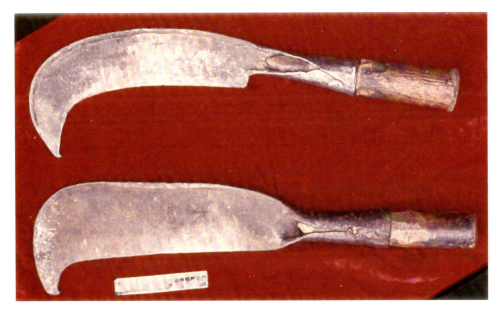

两把短把圆头砍柴刀，上面一把刃长 16cm，下面一把刃长 19cm。

圆头带小尖的砍柴刀。

## （二）柴刀与损伤

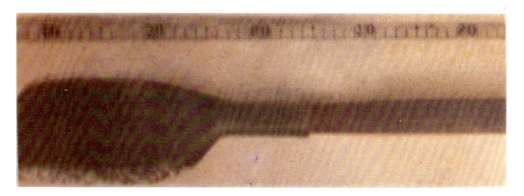

案例 1 中的圆头砍柴刀。

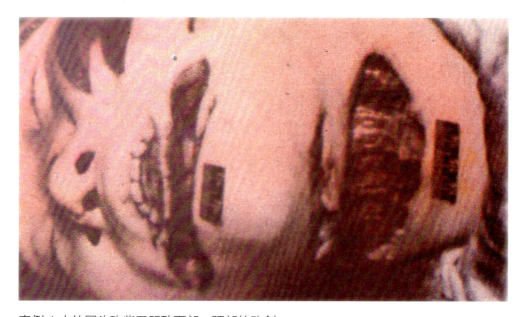

案例 1 中的圆头砍柴刀所致面部、颈部的砍创。

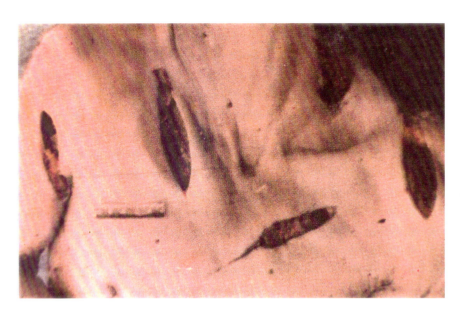

案例 1 中的圆头砍柴刀造成的砍创，两创角一钝一锐，锐角端可见拖切痕。

案例 2 中的圆头带小尖的砍柴刀。

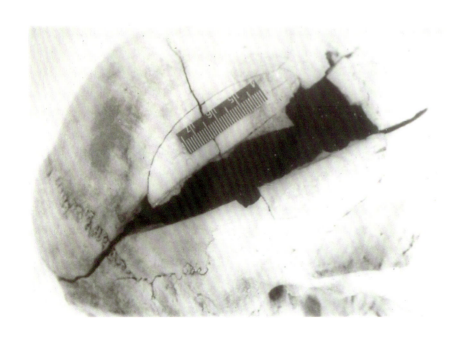

案例 2 中的圆头带小尖的砍柴刀所致颅骨上的砍创，反复两次砍击形成的孔状骨折。

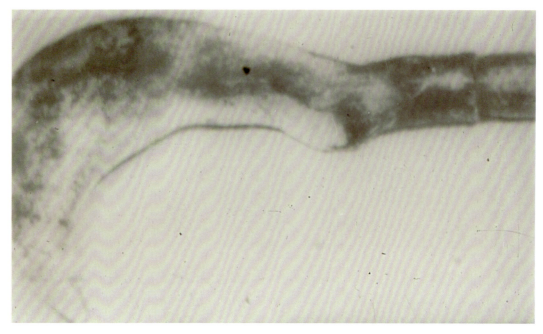

案例 3 中能砍、能割的砍柴刀，有的地区称弯镰或砍镰。

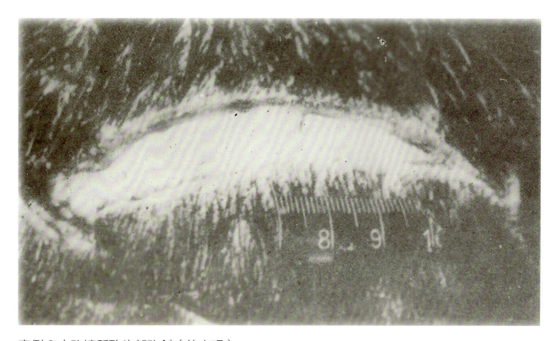

案例 3 中砍镰所致头部砍创（放大观）。

案例 4 中的砍镰。

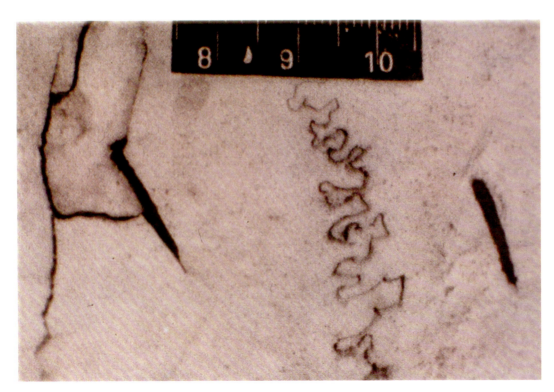

案例 4 中砍镰尖部砍击头颅造成的颅骨条形孔状骨折。

案例 5 中的砍柴刀。

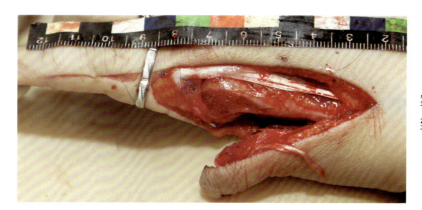

案例 5 中的砍柴刀所致左手掌外侧砍创。

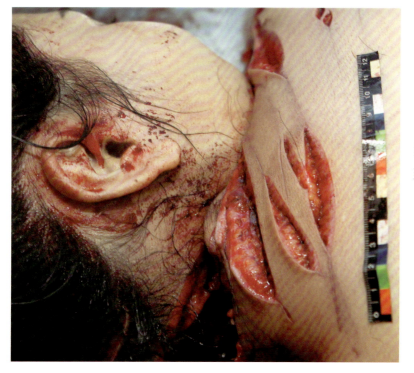

案例 5 中的砍柴刀所致砍创。

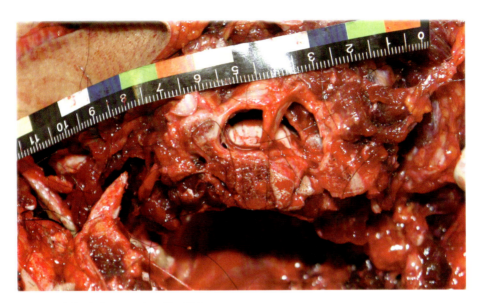

案例 5 中的砍柴刀所致颈椎砍断面。

## 八、镰刀与损伤

　　镰刀是一种常用的农具，专门用于手工收割水稻、小麦等农作物，也可用于割草和青饲料。刃长一般为 10~18cm。作为凶器时，镰刀的主要作用为砍、割。用尖端砍击造成的创口，类似于单刃刀的刺创，出刀时常伴有切割作用，使创角（锐角端）形成小划痕，创缘常不整齐，稍有外翻。

### （一）各式镰刀

铁匠打制的镰刀。

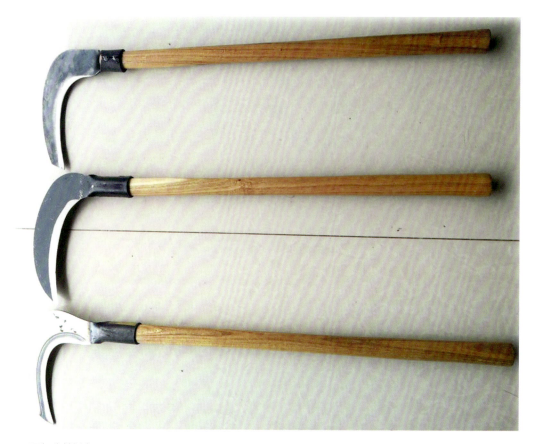

工厂打制的镰刀。

## （二）镰刀与损伤

案例 1 中的镰刀，因刀面宽，有的地区称"板镰"，刃长 11.5cm。

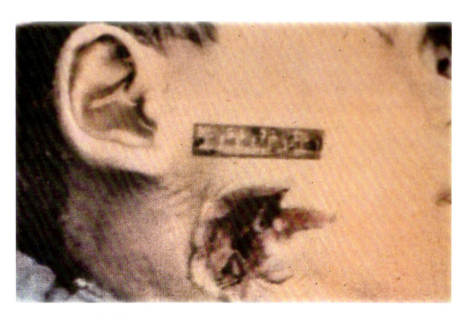

案例 1 中的板镰尖部重复砍击形成的砍创。

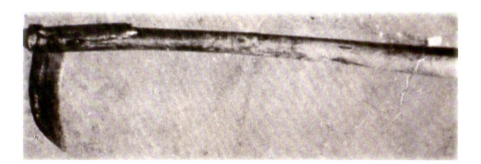

案例 2 中的镰刀。

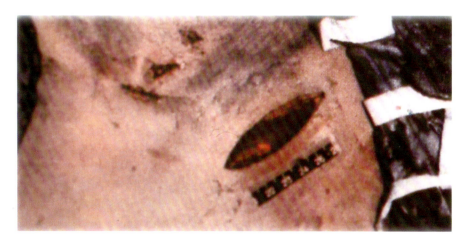

案例 2 中的镰刀砍击胸、颈部形成的砍创。

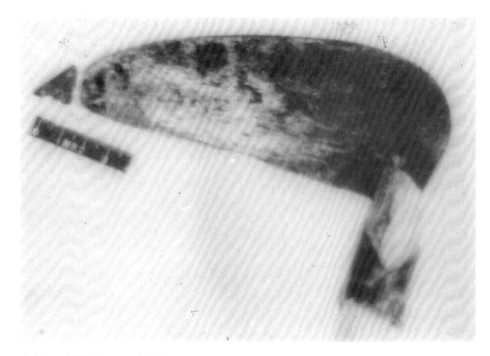

案例 3 中的镰刀，刃长 14cm。

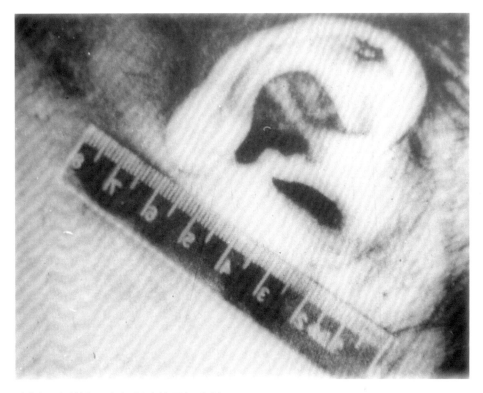

案例 3 中的镰刀尖部所致的面部砍创。

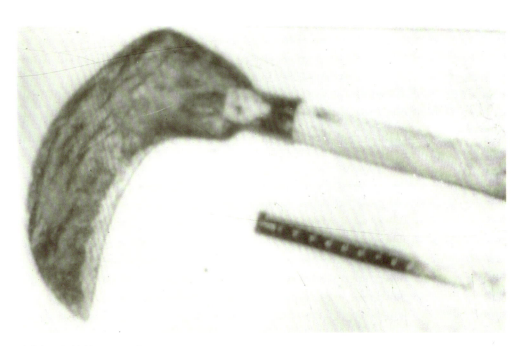

案例 4 中的镰刀，刃长 16cm。

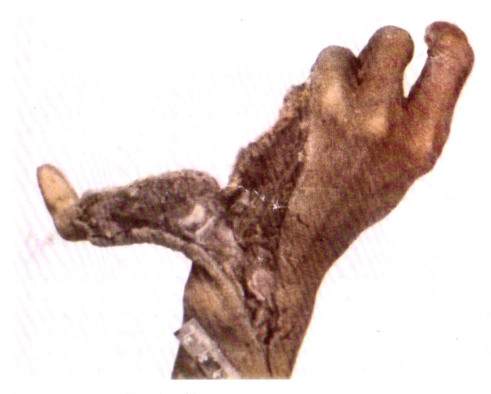

案例 4 中的镰刀所致的手部砍创。

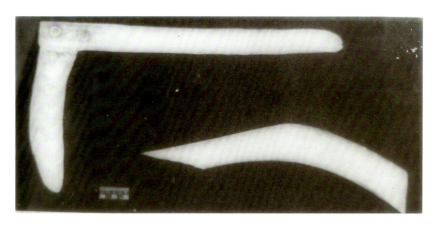

案例 5 中镰刀柄在作案中折断。

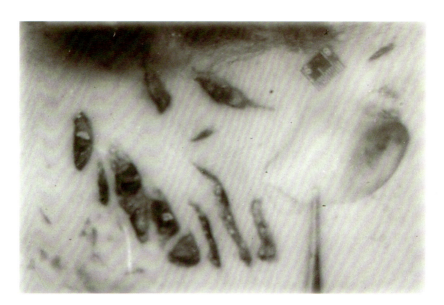

案例 5 中镰刀所致的颈部砍创。

案例 5 中镰刀所致手背上的砍创。

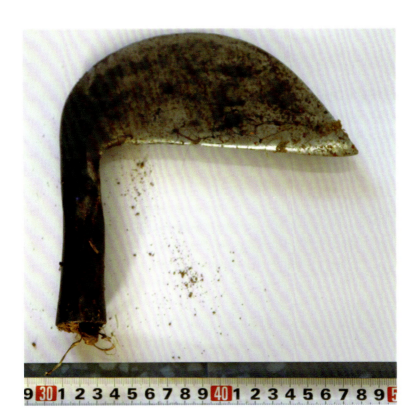

案例 6 中的镰刀。

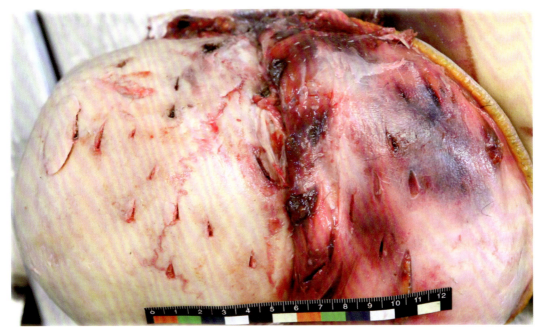

案例 6 中的镰刀尖部所致头皮及颅骨上啄创，创角一钝一锐。

## 九、铡刀与损伤

铡刀是切粗饲料的工具。刃长一般为 70~80cm，刀面宽 10~12cm。用作凶器时，铡刀的主要作用为砍。铡刀造成的砍创往往较为严重，易将被砍部位劈开或断离，形成的创口较长，且创缘整齐，创壁光滑。

案例 1 中的铡刀。

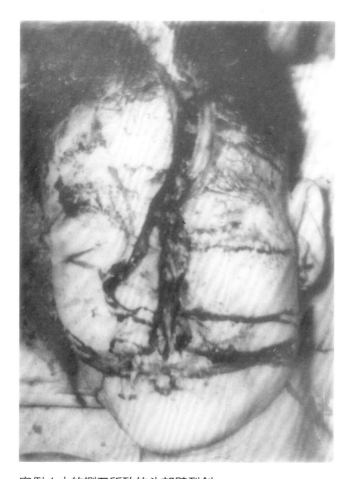

案例 1 中的铡刀所致的头部劈裂创。

案例 2 中的铡刀。

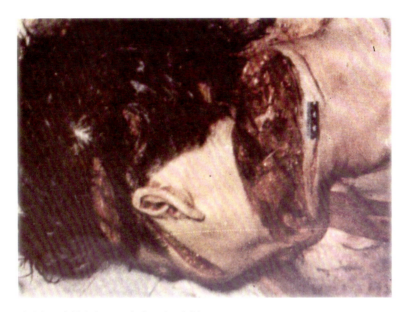

案例 2 中的铡刀所致头面部砍创。

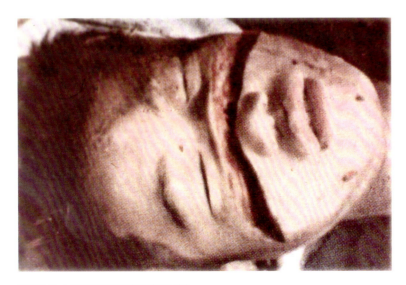

案例 2 中的铡刀所致面部砍创。

案例 3 中的铡刀。

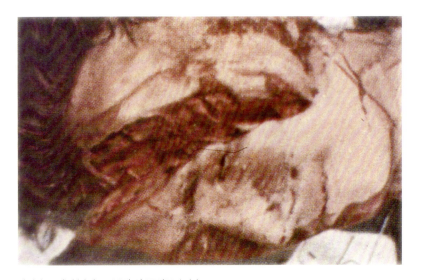

案例 3 中的铡刀所致头面部砍创。

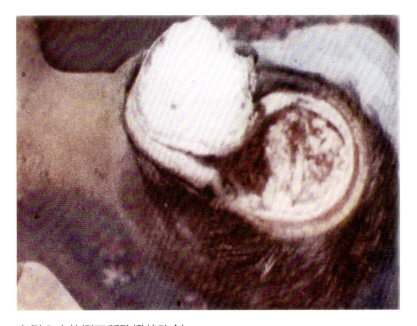

案例 3 中的铡刀所致瓣状砍创。

## 十、美工刀与损伤

美工刀常用于美术作品和手工艺品的制作，主要用来切割剪裁柔软的材料，俗称刻刀或壁纸刀。美工刀正常使用时只使用刀尖部分，主要作用为切割、雕饰。作为凶器时，美工刀的主要作用是切割。

美工刀多由塑刀柄和刀片两部分组成，采用抽拉式结构，便于操作。也有少数为金属刀柄，刀片多为斜口，刀锋用钝时可顺片身的划线折断，出现新的刀锋，方便使用。美工刀有多种型号。

美工刀的正面。

美工刀的背面。

案例 1 中的美工刀。

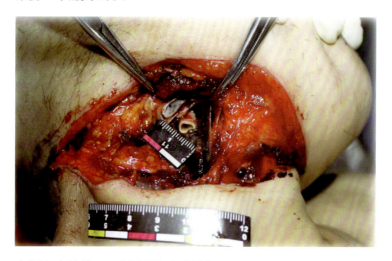

案例 1 中的美工刀所致颈部切割创。

# 十一、其他械斗锐器

这是在一个械斗案件中收缴的械斗锐器，由上而下依次有长刀、加了铁质长柄的杀猪刀、铁管铁钎等。

# 第二章

## 钝器与损伤

钝器是指作用面无刃口和尖端的物体，由它造成的损伤称为钝器伤。钝器伤的一般特征是创口形态不规则，创角钝，创缘不整齐，常伴有明显的表皮剥脱和皮下出血，创壁粗糙，创腔有组织间桥，创底不平。

## 第一节　斧类、锤类与损伤

### 一、斧类与锤类

劈柴斧。

石工斧。

各种锤样。锤又称榔头，由锤头和锤柄组成。锤头因作用不同又有铁质和木质之分。锤头分锤面和锤背两部分。

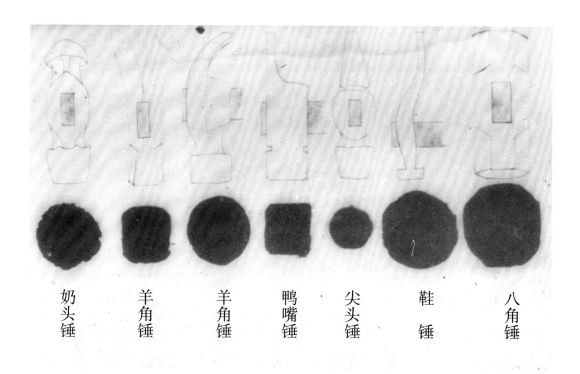

| 奶头锤 | 羊角锤 | 羊角锤 | 鸭嘴锤 | 尖头锤 | 鞋锤 | 八角锤 |

各种锤的形状及其背部的形态。锤的种类主要有奶头锤（又称奶手榔头和圆头锤）、羊角锤、鸭嘴锤、尖头锤、鞋锤及八角锤等。

各种规格的奶头锤。规格（不含柄）分别为1.25kg、1kg、0.75kg、0.5kg、0.25kg，锤面（圆形）直径分别为3.9cm、3.7cm、3.2cm、3cm、2.2cm。

不同规格的羊角锤，它主要用作敲钉和起钉，也可敲击其他物体。规格（不含柄）分别为0.25kg、0.5kg、0.75kg，锤面（圆形）直径分别为2.15cm、2.9cm、3.25cm。

不同式样的羊角锤。两者的不同点是下一把锤头的锤击端呈均匀的圆柱形，锤面（圆形）直径为 2.4cm。

铁柄羊角，锤面为八角形，为 3.7cm×3.7cm，锤柄末端为羊角样结构，有一角断离。

圆头石工锤。

方头石工锤。

检验锤，又称铁路检修锤。锤头重 0.25kg，锤面直径为 1.75cm，锤背端为八棱锥形，柄长 48cm，表面镀铬。

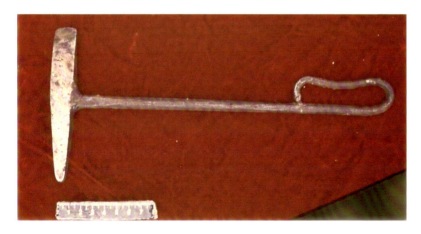

自制铁柄电焊锤，锤头一端为纯刃形，刃长 2cm，另一端为方锥形，锤头长 12.8cm。

鸭嘴探矿锤，上面一把为木柄，锤头长 13.8cm，锤面呈八角形，为 2.4cm×2.4cm，鸭嘴宽 2.4cm，柄长 40cm。下面一把为胶柄，锤头长 10.5cm，锤面为 2.4cm×2.4cm，柄长 24cm。

鸭嘴锤，主要用于金属薄板表面平整及翻边。鸭嘴锤的式样较多，规格（不含柄）分别为 0.0625kg、0.125kg、0.25kg、0.5kg；锤面为 2cm×2cm，嘴面为 2cm×0.4cm。

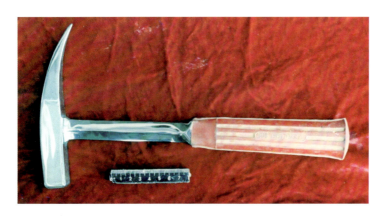

尖嘴探矿锤，锤头长 16.5cm。锤面为 2cm×2.3cm，锤的尖端呈八棱锥形。

鞋锤是制鞋及修鞋的工具，锤头长15.5cm。锤面直径为3cm，鸭嘴端为2.5cm×0.3cm，柄长24cm。

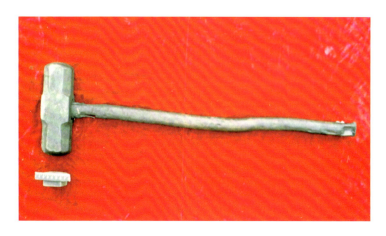

八角锤，主要用于锻打金属材料，锤击木桩，敲固铆钉，筑路碎石及安装机械设备等。规格（不含柄）分别为0.9kg、1.4kg、1.8kg、2.7kg、3.6kg、4.5kg、5.4kg、6.3kg、7.2kg、8.1kg、9kg、10kg、10.9kg等。

锻工使用的开锤。

## 二、斧背与损伤

斧背形态有正方形、长方形和圆形三种，后者较少见。斧背在打击不同部位时以及斧背不同部位造成的损伤有不同的表现形态。

案例 1 中的斧头。

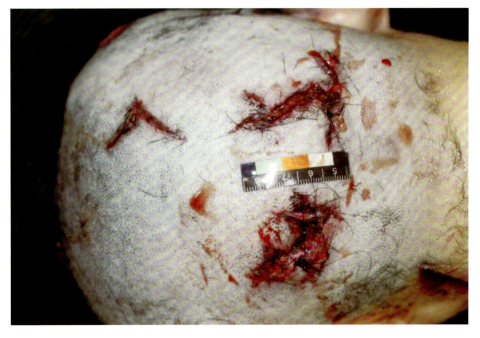

案例 1 中的斧背打击所致枕顶部头皮挫裂创。

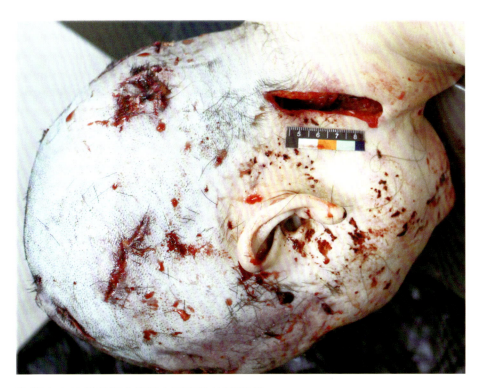

案例 1 中的斧背打击所致左颞部头皮挫裂创。

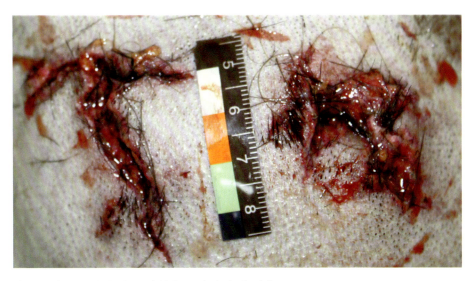

案例 1 中的斧背打击所致枕部两个大小分别为 7.3cm×0.8cm、4.1cm×2.7cm 的头皮挫裂创（放大观），创缘不整，创壁不光滑，创腔内见组织间桥，创周见挫伤带，深及颅骨。

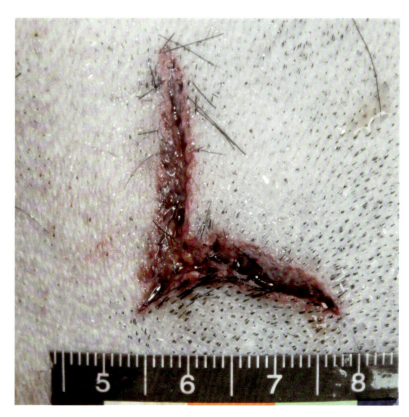

案例 1 中的斧背打击所致头顶部两个大小分别为 4.3cm×0.3cm、3.3cm×0.4cm 的头皮挫裂创（放大观），创缘不整，创壁不光滑，创腔内见组织间桥，创周见挫伤带，深及颅骨。

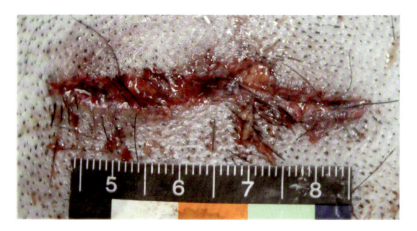

案例 1 中的斧背打击所致左颞部 4.9cm×1.9cm 的头皮挫裂创（放大观），创缘不整，创壁不光滑，创腔内见组织间桥，创周见挫伤带，深及颅骨。

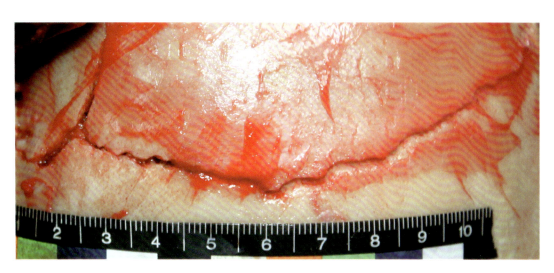

案例 1 中的斧背打击所致冠状缝自左侧骨折处裂开延伸至右侧颅底。

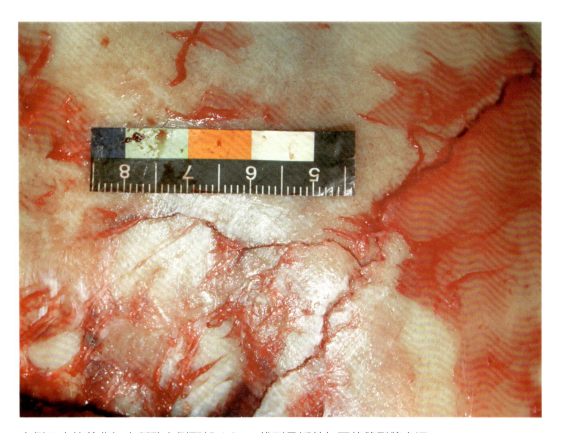

案例 1 中的斧背打击所致右侧颞部 4.0cm 线形骨折并与冠状缝裂缝交汇。

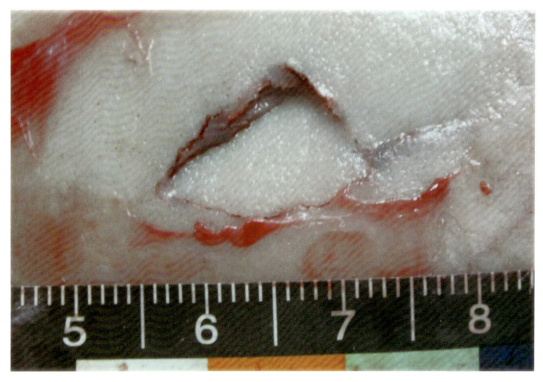

案例 1 中的斧背打击所致右顶骨处 1.7cm×1.2cm 的凹陷骨折。

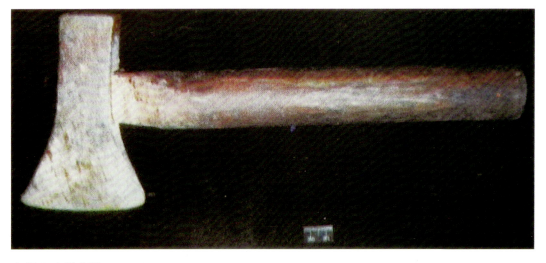

案例 2 中的柴斧。

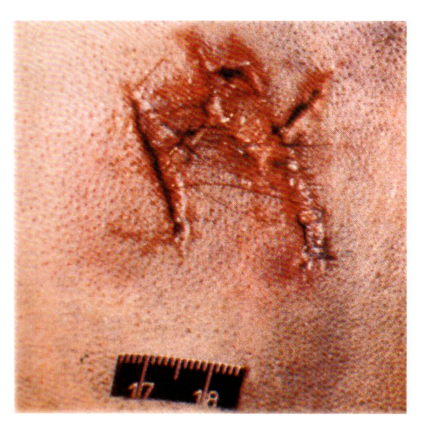

案例 2 中的柴斧背垂直打击枕部造成的近方形皮下出血及不整齐的
"H"形挫裂创。

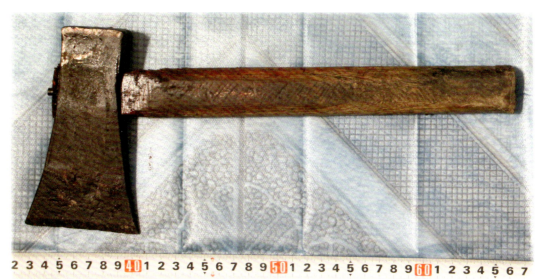

案例 3 中的斧头。

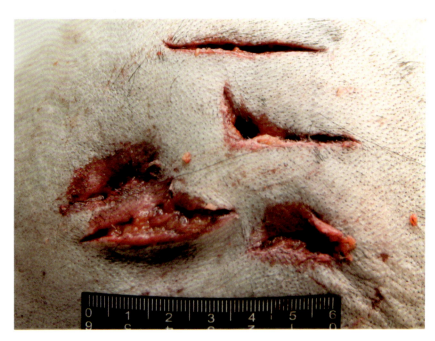

案例 3 中的斧背所致头皮多处挫裂创。

案例 3 中的斧背所致头皮多处挫裂创下相应处颅骨骨折。

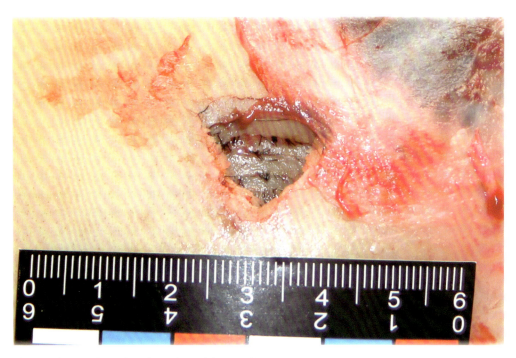

案例 3 中的斧背两边一角打击所致颅骨三角凹陷骨折。

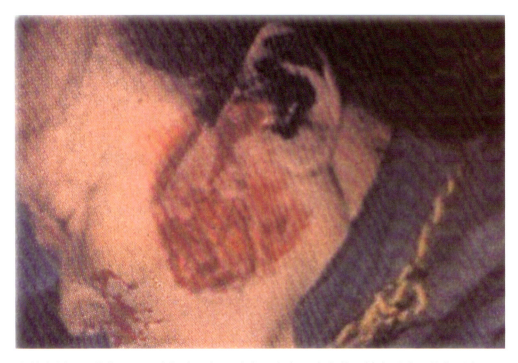

文献案例 1 斧背平面垂直打击面部所致皮下出血，出血范围基本反映了斧背形态。

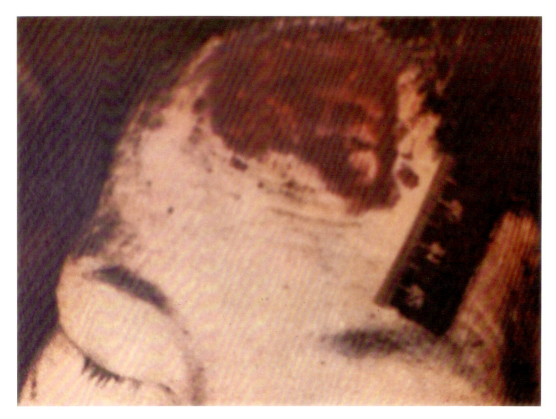

文献案例 2　斧背平面垂直打击额部所致挫裂创。

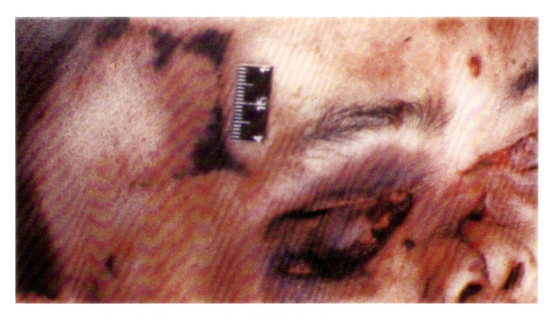

文献案例 3　斧背垂直打击右额部所致不完整框状皮肤挫伤。

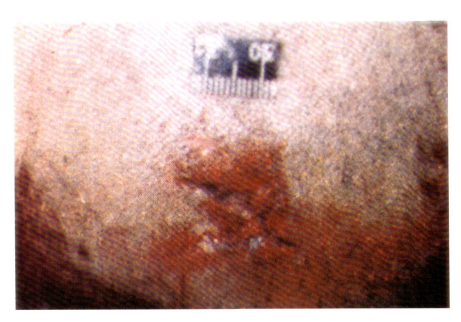

文献案例 4　斧背垂直打击头顶部造成的近方形挫伤。

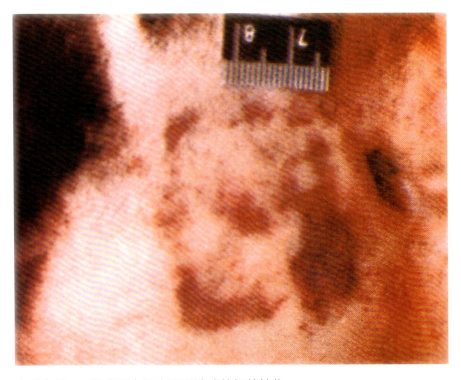

文献案例 5　斧背垂直打击耳后造成的框状挫伤。

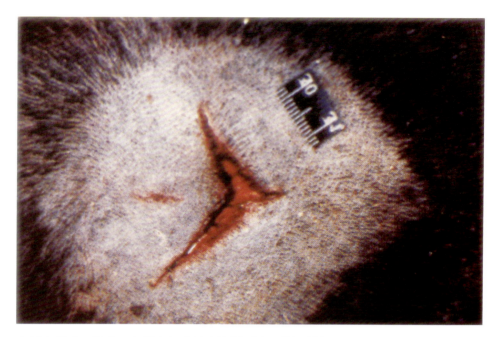

文献案例6　斧背一角着力打击头顶部造成角形挫裂创。

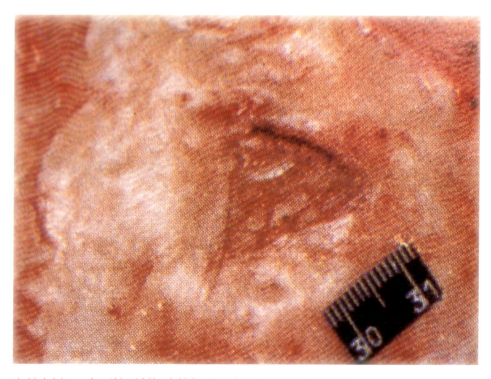

文献案例6　角形挫裂创相应处颅骨形成三角形凹陷性骨折。

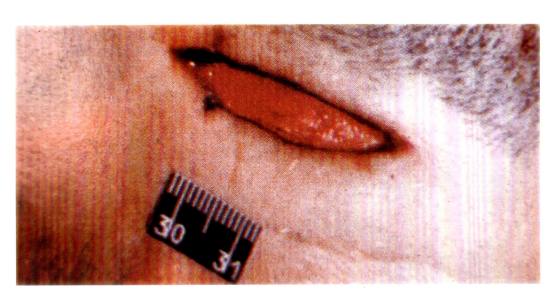

文献案例 7　斧背边棱偏击右额部造成梭形裂创。

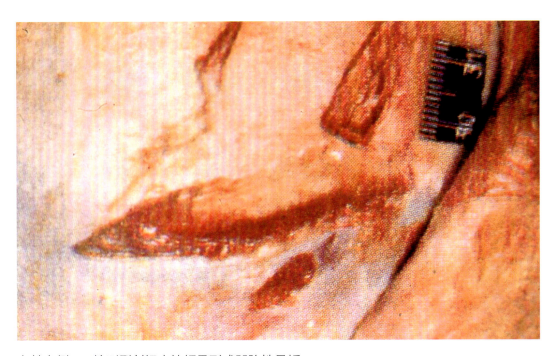

文献案例 7　梭形裂创相应处颅骨形成凹陷性骨折。

文献案例 8　案例中的石工斧。

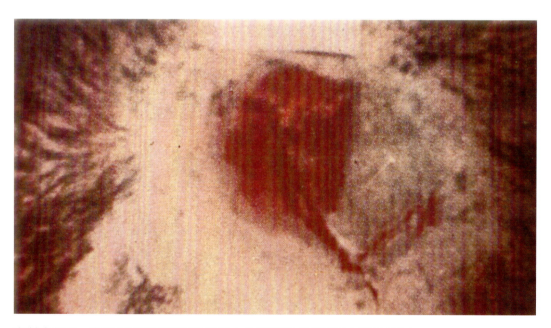

文献案例 8　案例中的石工斧背垂直打击头顶部造成皮下出血及挫裂创。

## 三、锤类与损伤

### （一）奶头锤与损伤

案例 1 中的奶头锤。

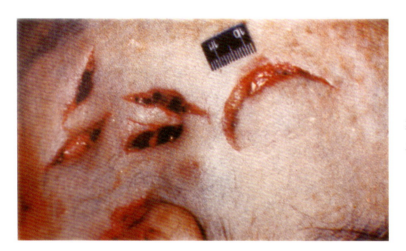

案例 1 中的奶头锤所致右颞部挫裂创。

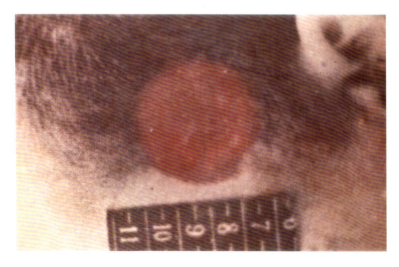

文献案例 1 奶头锤锤面垂直打击头部所致的圆形皮下出血。

文献案例2　奶头锤所致颅骨阶梯骨折，呈类圆形。

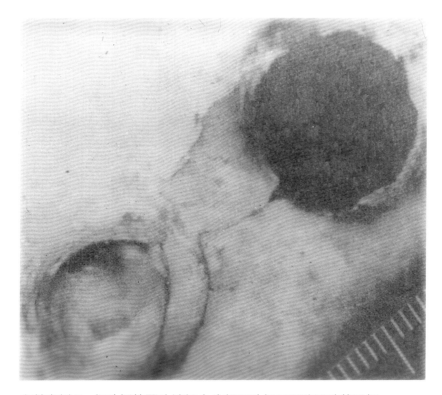

文献案例3　奶头锤的圆头端打击头部所致颅骨凹陷及孔状骨折。

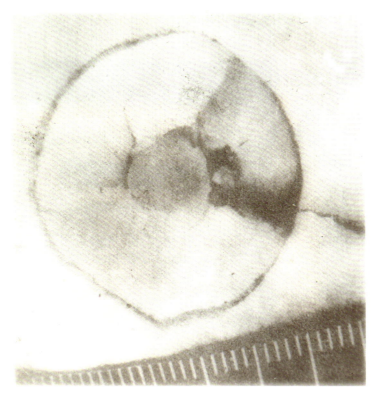

文献案例 4　奶头锤的圆头端打击头部所致颅骨凹陷骨折。

## （二）羊角锤与损伤

案例 1 中的羊角锤侧面观。

案例 1 中的羊角锤锤面观。

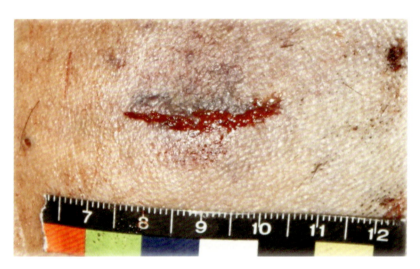

案例 1 中的羊角锤所致额部 2.5cm×0.3cm 的挫裂创。

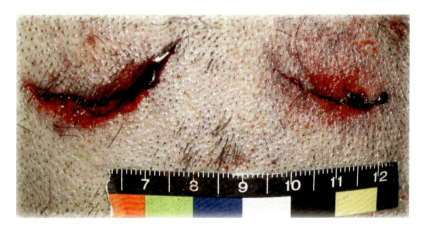

案例 1 中的羊角锤所致左侧头顶部挫裂创。

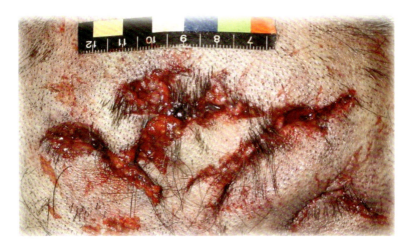

案例 1 中的羊角锤所致右侧头部挫裂创。

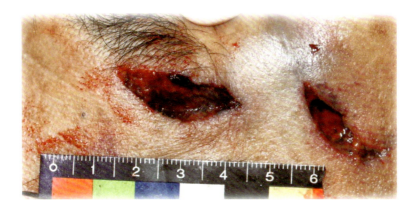

案例 1 中的羊角锤所致右眼外侧挫裂创。

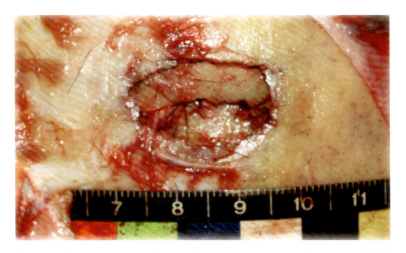

案例 1 中的羊角锤所致左颞骨处 2.5cm×1.5cm 类圆形凹陷性粉碎性骨折。

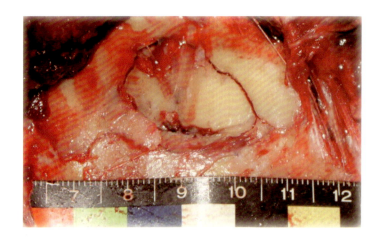

案例 1 中的羊角锤所致右颞枕部 2.5cm×2.0cm 类圆形凹陷性粉碎性骨折。

案例 1 中的羊角锤所致左颞骨内板崩裂。

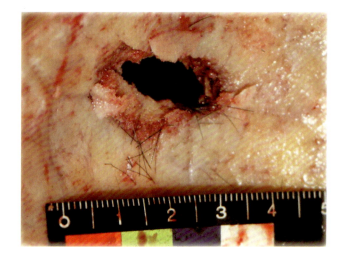

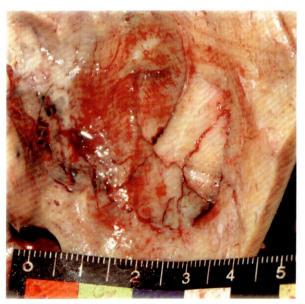

案例 1 中的羊角锤所致右颞骨内板类圆形裂纹。

案例 2 中的羊角锤。

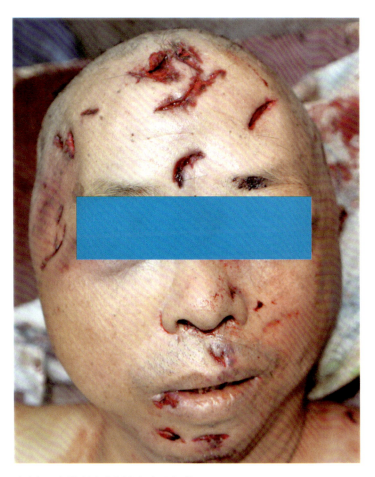

案例 2 中的羊角锤所致头面部伤。

（三）鸭嘴锤与损伤

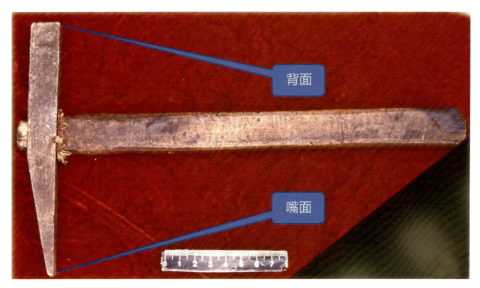

鸭嘴锤锤面是方形，嘴面是钝一字形。

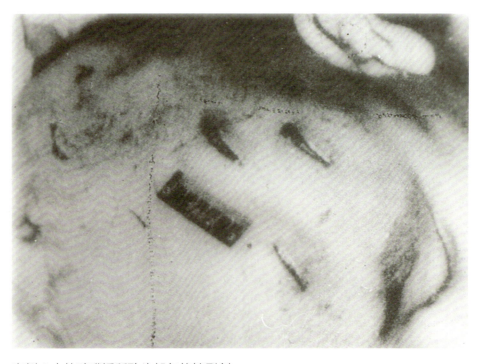

案例 1 中的鸭嘴锤所致头部条状挫裂创。

## （四）八角锤与损伤

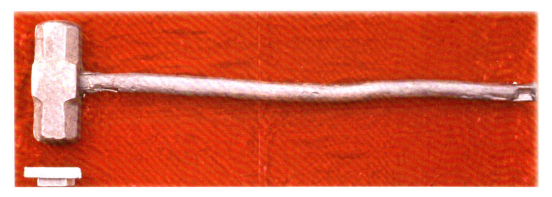

八角锤主要用作锻打金属材料、锤击木桩、敲固铆钉、筑路碎石及安装机械设备等。

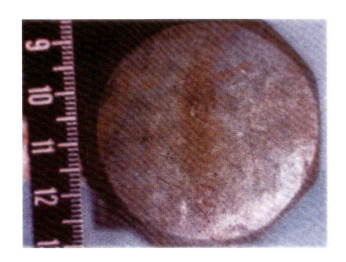

案例 1 中的八角锤的锤击面。

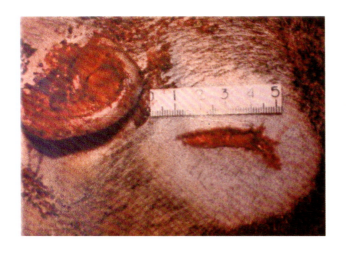

案例 1 中的八角锤倾斜
打击所致左颞部挫裂创。

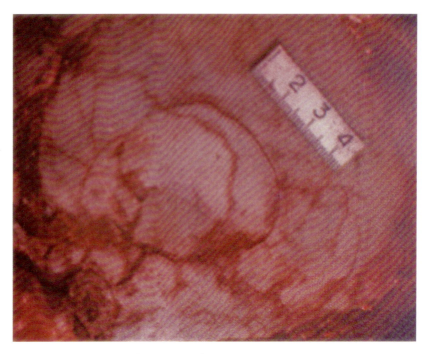

案例 1 中的八角锤所致颅骨凹陷性骨折。

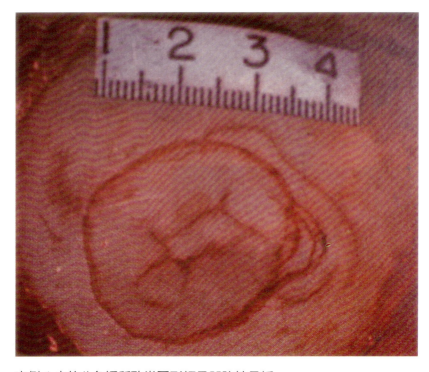

案例 1 中的八角锤所致类圆形颅骨凹陷性骨折。

## （五）方锤与损伤

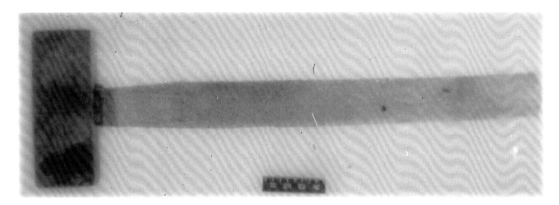

案例 1 中的铁质方锤。

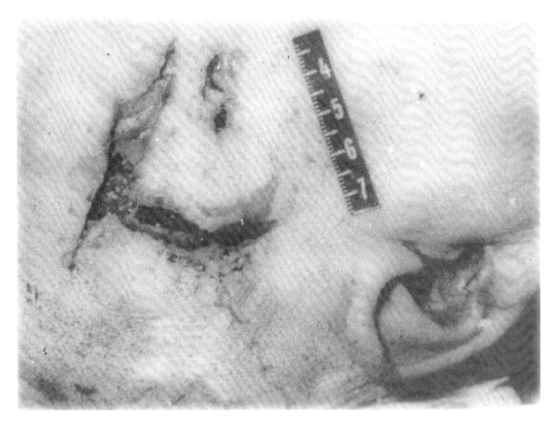

案例 1 中的方锤所致右颞部挫裂创。

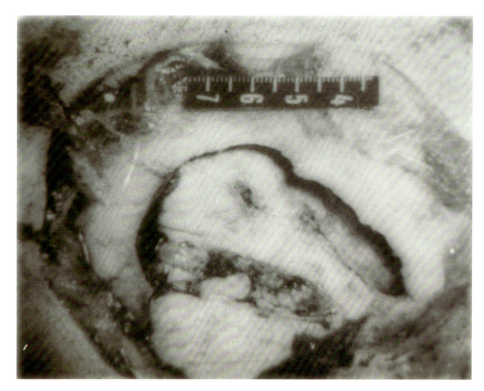

案例 1 中的方锤所致右颞部挫裂创相应处颅骨孔状骨折。

## （六）开锤与损伤

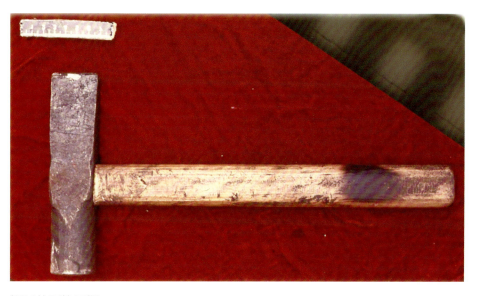

锻工使用的开锤。

案例 1 中的开锤。

案例 1 中的开锤所致左顶头皮挫伤。

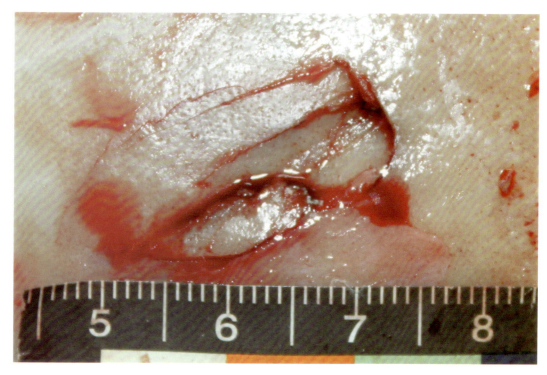

案例 1 中的开锤所致左顶头皮挫伤下的顶骨凹陷骨折。

## （七）石工锤与损伤

圆头石工锤。

方头石工锤。

案例 1 中的方头石工锤。

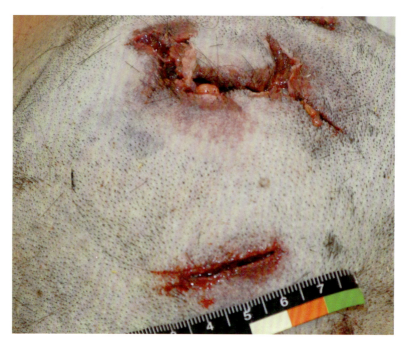

案例 1 中的方头石工锤所致头后顶部挫裂创。

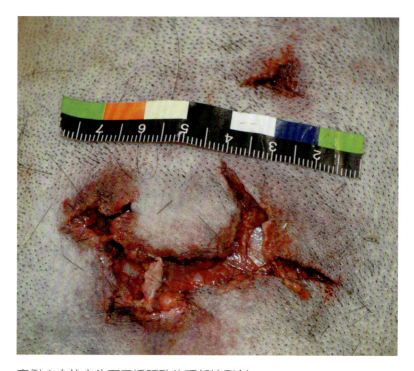

案例 1 中的方头石工锤所致头顶部挫裂创。

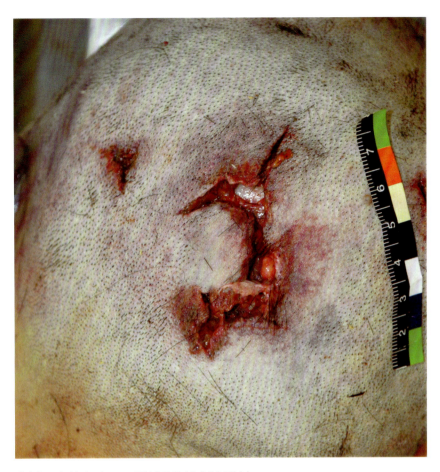

案例 1 中的方头石工锤所致头枕部挫裂创。

案例 2 中的方头石工锤。

案例 2 中的方头石工锤锤击面。

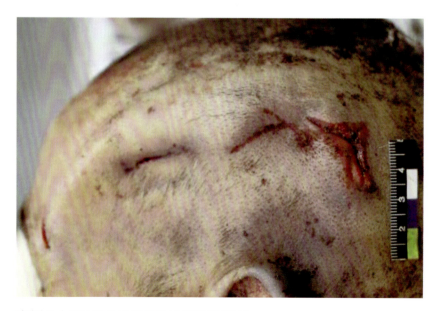

案例 2 中的方头石工锤所致左颞部挫裂创。

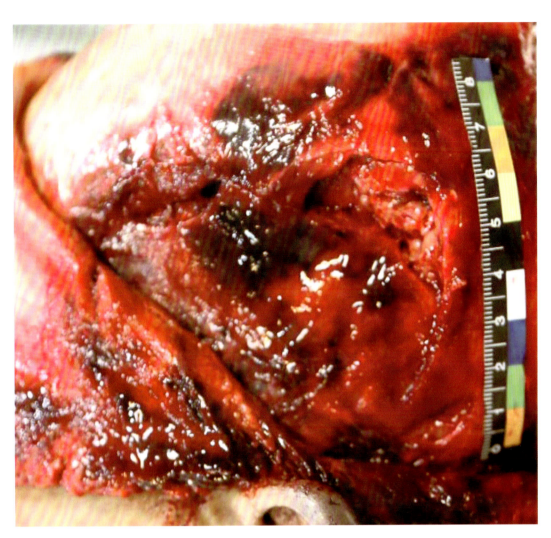

案例 2 中的方头石工锤所致左颞部挫裂创下相应颅骨骨折。

## 第二节　其他致伤物与损伤

### 一、抓钉与损伤

　　抓钉主要用于加固金属、木材等材料，增强材料之间的连接强度和稳固性。它由钉体和钉端组成，钉体有类方形和类圆形，钉端一般为方锥形。

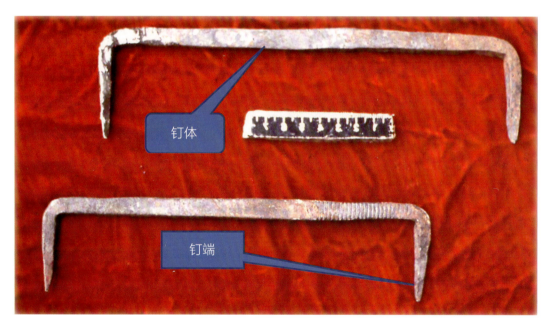

钉体呈类方形。钉体长分别为 24cm、21.5cm。

案例 1 中的抓钉，钉体呈类方形。钉体长 30cm, 钉端长 5cm。

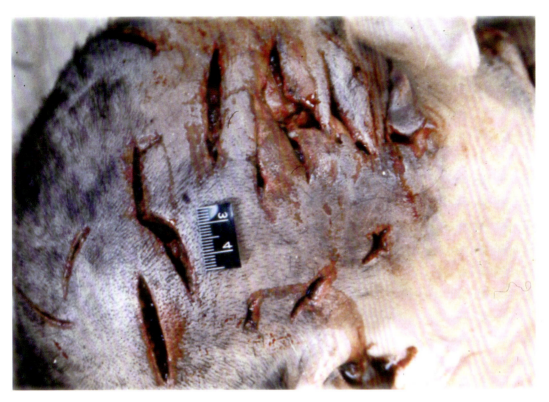

案例 1 中的抓钉钉体所致头部挫裂创。

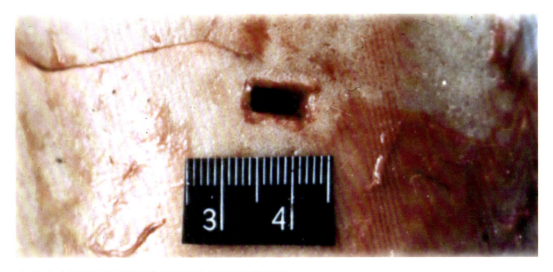

案例 1 中的抓钉钉端所致颅骨类长方形孔状骨折。

## 二、钉齿耙与损伤

　　钉齿耙常简称为钉耙，是一种农用工具。用于收集土地中的杂草和碎石块，以及将牛圈中的草肥耙到圈外的地里。

案例 1 中的四齿钉耙。

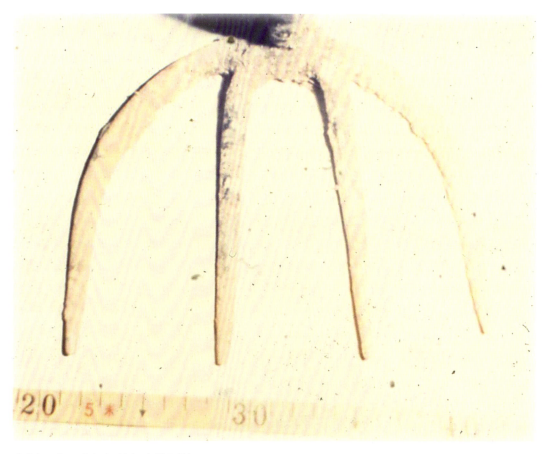

案例 1 中四齿钉耙的耙齿排列情况。

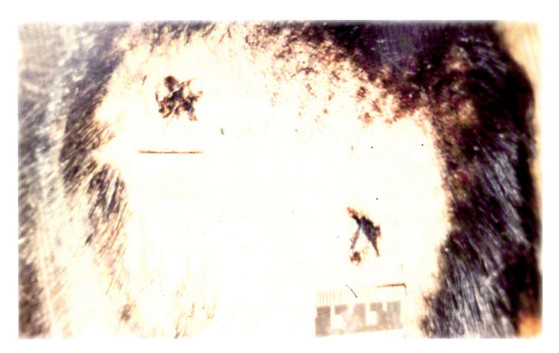

案例 1 中的钉耙所致头皮挫裂创。

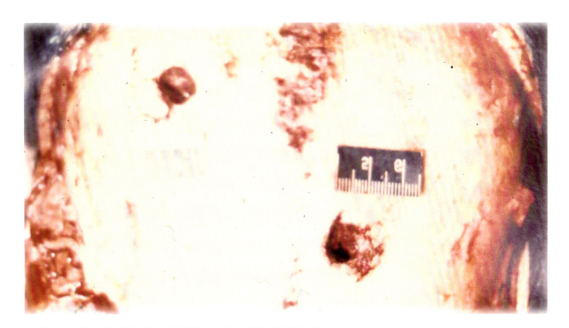

案例 1 中的钉耙所致头皮挫裂创相应处颅骨孔状骨折。

## 三、钢丝钳与损伤

　　钢丝钳，又称克丝钳、夹钳等，主要用于夹持或截断金属丝材，一般装有绝缘柄。规格为 15cm、17.5cm、20cm 等。

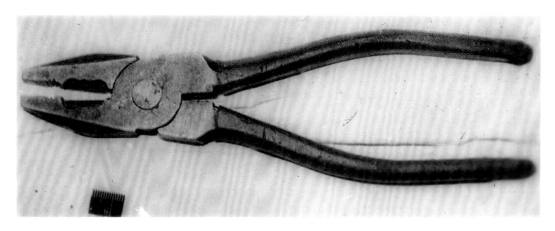

案例 1 中的钢丝钳。

案例 1 中的钢丝钳所致头部条状挫裂创。

案例 1 中的钢丝钳钳嘴部平击背部所致的近梯形挫伤，它反映了钳嘴接触面的形态。

## 四、铁哑铃与损伤

铁哑铃为体育健身器械，形态各异，有多棱面形、扁圆形、球形等。

多棱面形铁哑铃。

案例 1 中的扁圆形铁哑铃。

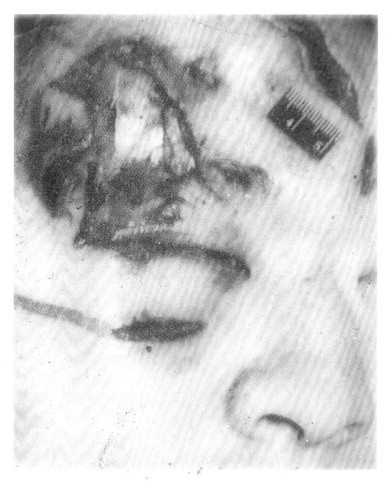

案例 1 中的扁圆形铁哑铃所致额部不规则挫裂创和颅骨线状及凹陷性骨折。

## 五、活动扳手

活动扳手是一种能调节板口大小、能将螺母拧紧或拧松的专用工具。规格多样，总长有 100mm、150mm、200mm、250mm、300mm、375mm、450mm、500mm，最大开口有 12mm、19mm、24mm、29mm、34mm、43mm、52mm、62mm。

案例 1 中的活动扳手。

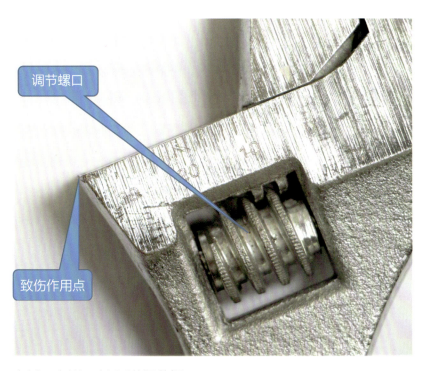

案例 1 中的活动扳手的调节螺口。

致伤作用面　　　　　　　　　　　　　　致伤作用面

案例 1 中的活动扳手致伤作用面。

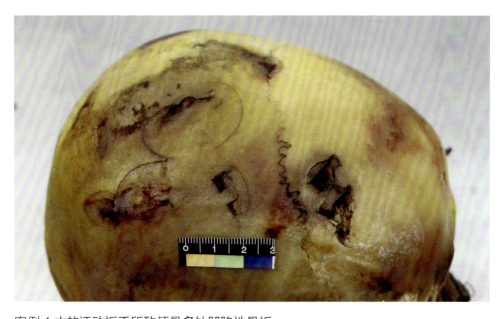

案例 1 中的活动扳手所致颅骨多处凹陷性骨折。

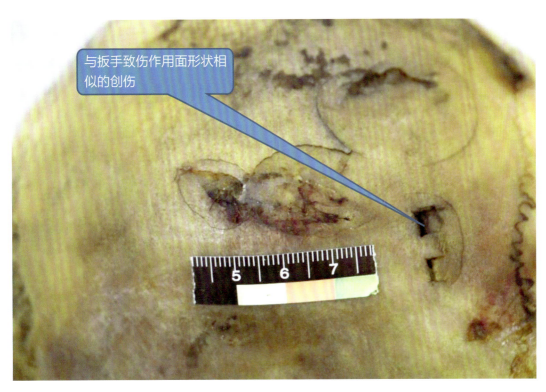

与扳手致伤作用面形状相似的创伤

案例 1 中的活动扳手所致颅骨最有特征性的凹陷性骨折。

# 第三章

## 枪弹与损伤

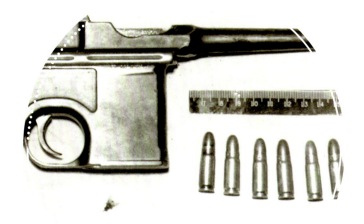

枪弹伤是指通过枪膛发射弹头射击人体所致的损伤。因枪支种类、弹药成分、弹头性质、射击距离、射击角度、中弹部位的不同，枪弹伤的性状表现也有所差异。在案例中见到的枪支有手枪、冲锋枪和土制枪。

案例 1 中的 79 式冲锋枪。

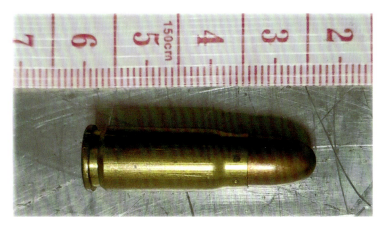

案例 1 中的 79 式冲锋枪子弹。

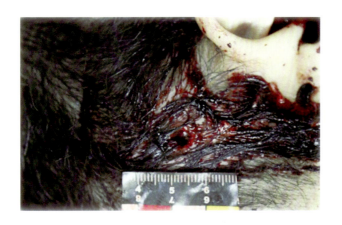

案例 1 中的 79 式冲锋枪弹所致左侧颞部稍外侧一直径为 0.6cm 的圆形创口（射入口），创缘整齐，创周血染，见少量挫碎的脑组织从创口内流出，创腔内软组织缺失，创缘软组织稍内陷，深达颅骨。

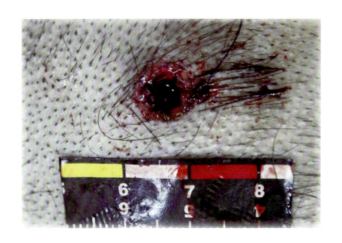

案例 1 中的 79 式冲锋枪弹所致左侧颞部稍外侧一直径为 0.6cm 的圆形创口（射入口），洗净创周血迹及剃除头发后见创周有宽 0.2cm 的沿创口走形擦挫伤带。

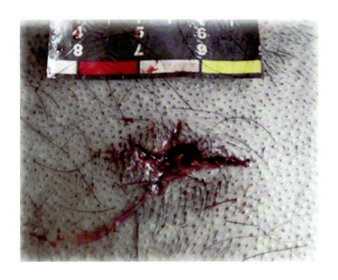

案例 1 中的 79 式冲锋枪弹所致右侧颞部稍外侧一不规则"十"字形创口（射出口），长边长 2.1cm，短边长 1.1cm，创缘不整齐，创周无明显擦挫伤，创周软组织外翻，深达颅腔。

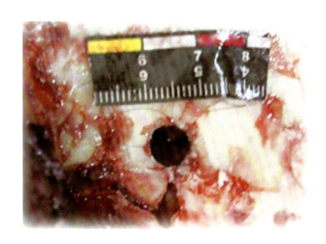

案例 1 中的 79 式冲锋枪弹所致左侧颞骨一圆形孔状骨折（射入口），断面整齐，直径为 0.6cm，孔状骨折区骨板缺失；该孔状骨折斜后下方见一颗骨粉碎性骨折区，碎骨片向颅腔内凹陷，以粉碎性骨折区为中心见 3 条骨折线分别向枕顶部、前额部、颅底放射，骨折线未穿过骨缝。

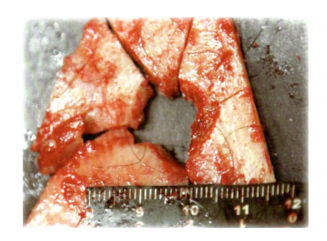

案例 1 中的 79 式冲锋枪弹所致右侧颞骨一不规则圆形孔状骨折区（射出口），大小为 1.3cm×1.2cm，骨折区骨板外翻，孔状骨折区边缘外骨板缺失，呈"喇叭口"样；右侧颞骨以孔状骨折部位为中心呈粉碎性骨折，见 3 条骨折线分别向额部、枕顶部、颅底放射，骨折线未穿过骨缝。额部见一纵形线性骨折，稍剺开，剺开区以前侧为重。打开头盖骨，见左侧颞骨孔状骨折部边缘内骨板缺失，呈"喇叭口"样。

案例 2 中的冲锋枪和子弹。

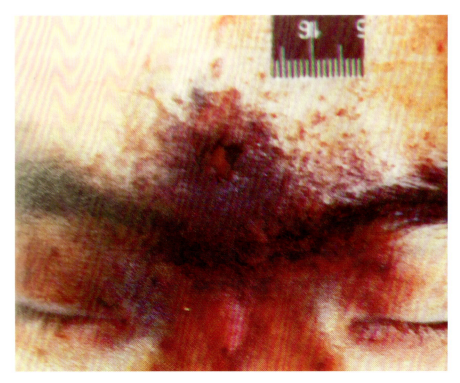

案例 2 中的冲锋枪弹接近射击额部所致的射入口（周围烟晕明显）。

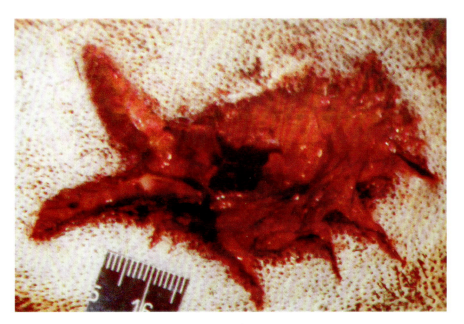

案例 2 中的冲锋枪弹所致枕部的射出口（呈星芒状撕裂）。

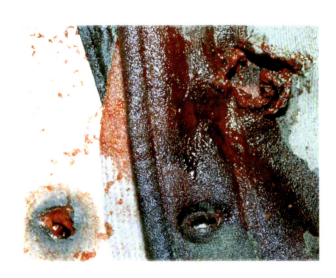

案例 3 中的枪弹所致胸部近距离射入口。

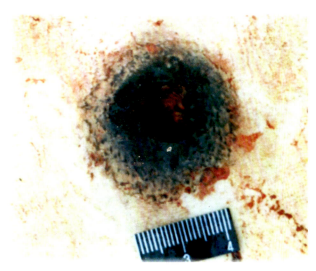

案例 3 中的枪弹所致胸部近距离射入口（放大观）。

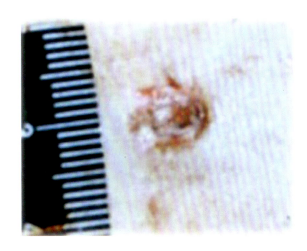

案例 3 中的枪弹所致背部射出口。

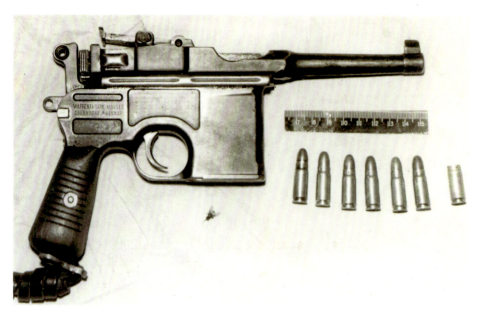

案例 4 中的毛瑟三号手枪和子弹。

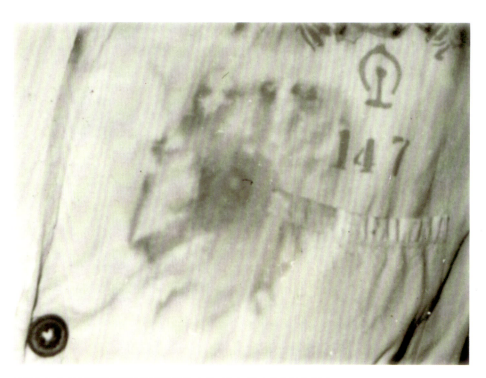

案例 4 中的毛瑟三号手枪弹所致左胸部衣着上近距离射入口。

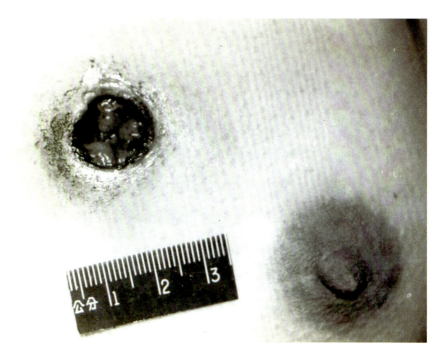

案例 4 中的毛瑟三号手枪弹所致的左胸部近距离射入口。

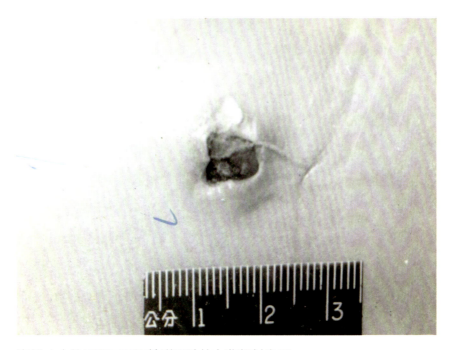

案例 4 中的毛瑟三号手枪弹所致的左背部射出口。

案例 4 中的毛瑟三号手枪弹所致窗玻璃弹孔。

案例 5 中的 54 式手枪。

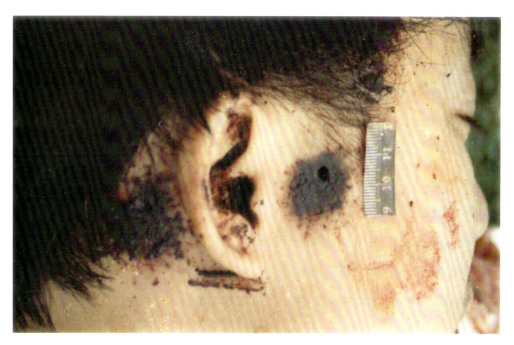

案例 5 中的 54 式手枪弹所致的右耳前近距离射入口。

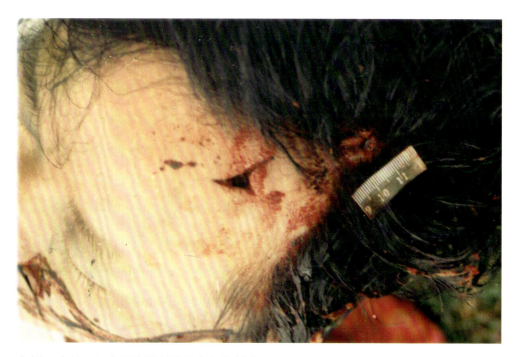

案例 5 中的 54 式手枪弹所致的左额角射出口。

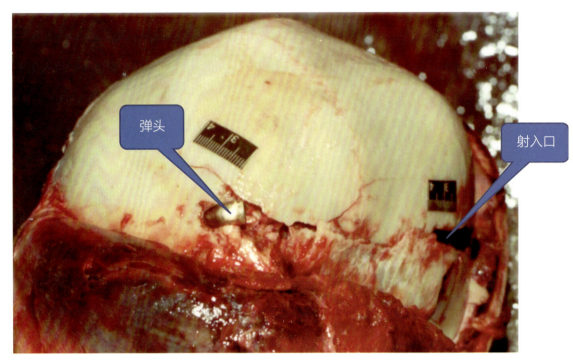

弹头

射入口

案例 6 中的 54 式手枪弹所致头颅损伤，弹头停留在颅顶皮下。

案例 7 中的 64 式手枪。

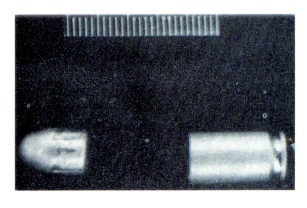

案例 7 中的 64 式手枪弹
壳和弹头。

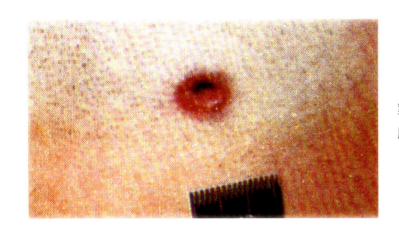

案例 7 中的 64 式手枪弹所致后发际处射入口。

案例 7 中的 64 式手枪弹所致后发际处射入口（放大观）。

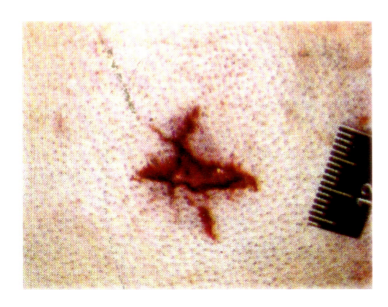

案例 7 中的 64 式手枪弹所致头顶射出口。

案例 8 中的 54 式手枪。

案例 8 中的 54 式手枪枪口形态。

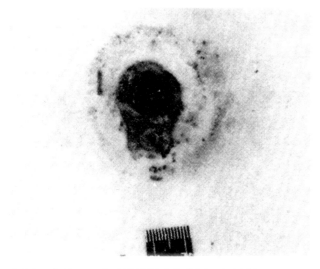

案例 8 中的 54 式手枪接触胸部射击所致射入口。

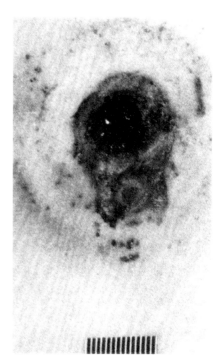

案例 8 中的 54 式手枪接触胸部射击所致射入口（放大观），见明显枪口印痕。

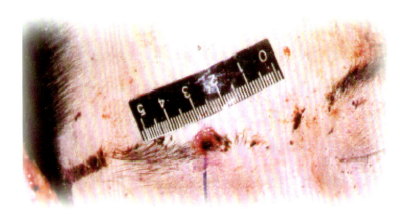

案例9（男）中的制式手枪弹所致右眉处射入口。

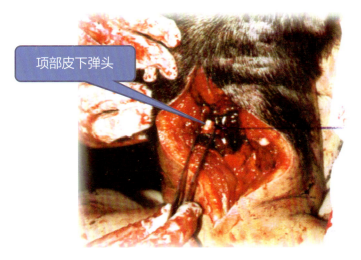

项部皮下弹头

案例9中的制式手枪弹所致盲管创，弹头停留在项部皮下。

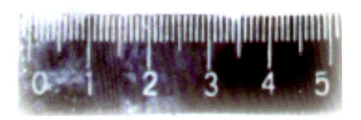

案例9中的制式手枪弹所致盲管创中取出的弹头（切开颈部皮肤取出的）。

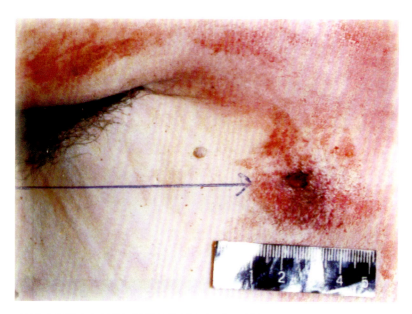

案例9（男）中的制式手枪弹所致左腋下射入口。

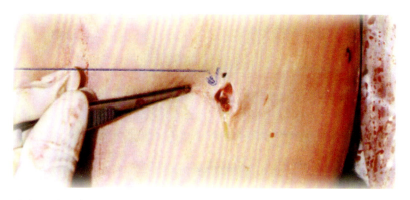

案例9（男）中的制式手枪弹所致盲管创，弹头停留在背部脊柱旁的皮下。

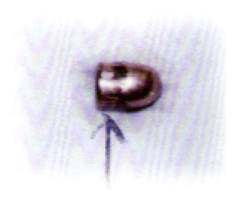

案例9（男）中的制式手枪弹所致盲管创中取出的弹头（切开脊柱旁的皮肤取出的）。

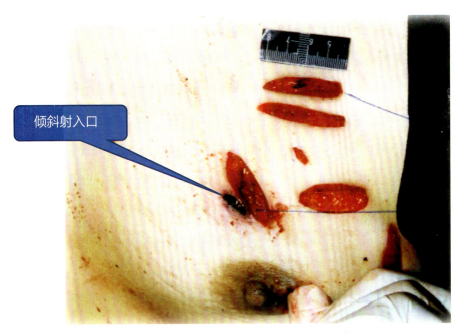

案例9（女）中的制式手枪弹所致左侧乳房上方贯通创射入口。

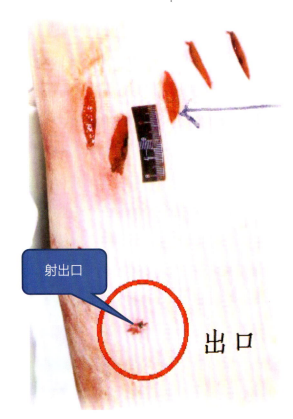

案例9（女）中的制式手枪弹所致左背下部贯通创射出口。

射钉器，又称射钉弹枪，其发射原理主要是利用发射空包弹产生的火药燃气作为动力，将射钉打入建筑体或其他物体中。空包弹在枪膛内被击发后，火药迅速燃烧产生大量高温高压气体，这些气体推动活塞或撞针等机械结构，进而将射钉以高速射出，完成紧固作业。

改装后的射钉枪就能发射各种弹丸伤害他人。这种行为是违法的。

射钉器。

改装后的射钉枪。

案例 10 中的射钉枪改装使用的 1cm 钢柱弹。

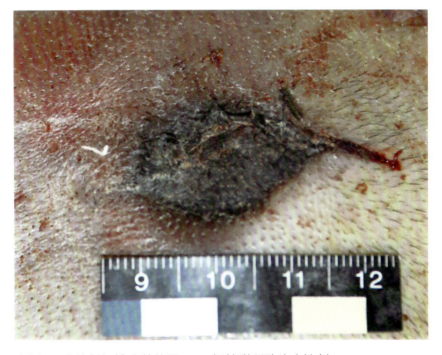

案例 10 中的射钉枪改装使用 1cm 钢柱弹所致头皮挫创。

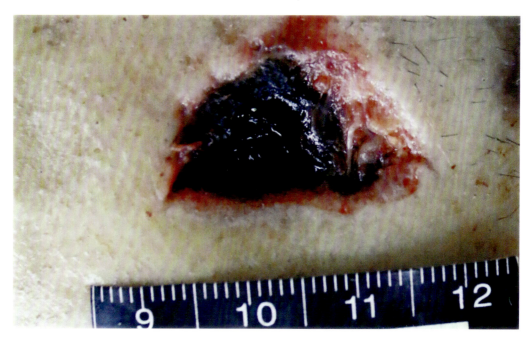

案例 10 中的射钉枪改装使用 1cm 钢柱弹所致头皮挫创（清洗后的状态）。

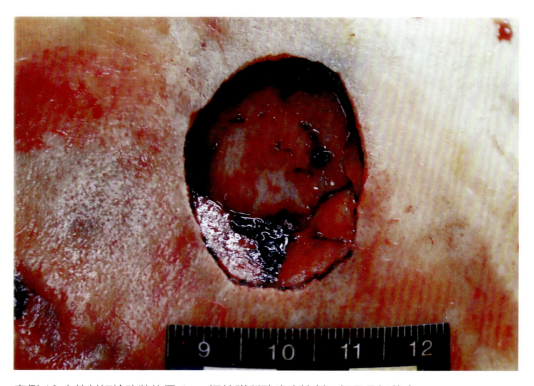

案例 10 中的射钉枪改装使用 1cm 钢柱弹所致头皮挫创下颅骨骨折状态。

案例 11 中的自制火药枪弹丸（右侧胸腔底部靠膈肌部见一枚黑色的金属球，直径 1.1cm）。

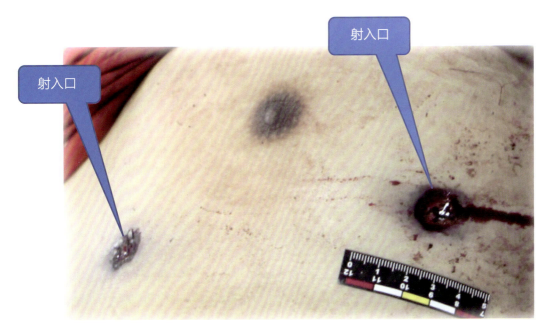

案例 11 中的自制火药枪弹所致胸部两个射入口。

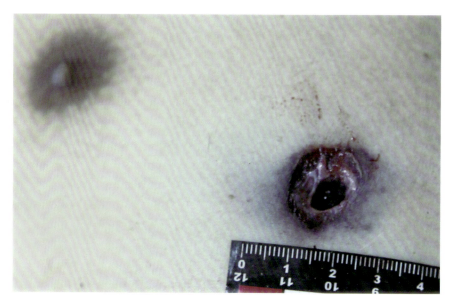

案例 11 中的自制火药枪弹所致左胸外侧沿腋前线第 5 肋间见一不规则圆形创口，大小为 0.9cm×0.7cm，创内软组织缺失，创口不能对合，创缘内软组织稍内卷，创周见有沿创口走形的擦挫伤带，擦挫伤带宽 0.5cm，挫伤带皮革样化明显，探查创道见创道斜向内下进入胸腔。

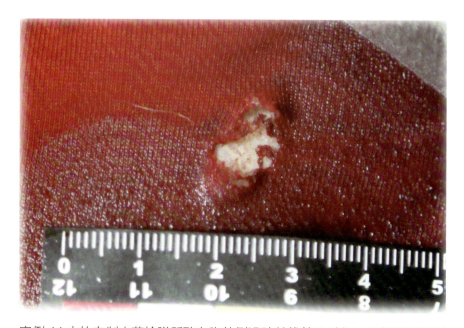

案例 11 中的自制火药枪弹所致左胸外侧沿腋前线第 5 肋间一不规则圆形创口，外衣相应的破口。

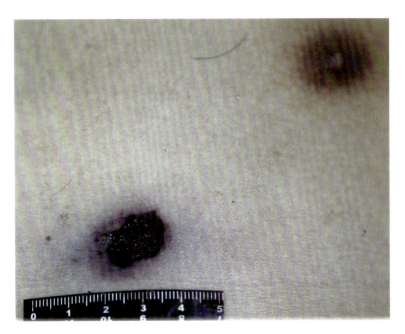

案例 11 中的自制火药枪弹所致左前胸部第 6 肋间距离正中线4.5cm 处一不规则圆形创口，大小为 0.7cm×0.7cm，创内软组织缺失，创口不能对合，创缘软组织稍内卷，创周见有沿创口走形的擦挫伤带，擦挫伤带宽 0.6cm，擦挫伤带下侧稍宽于上侧，擦挫伤带皮革样化明显，探查创道见创道斜向内下进入胸腔。

案例 11 中的自制火药枪弹所致左前胸部第 6 肋间距离正中线4.5cm 处创口外衣相应的破口。

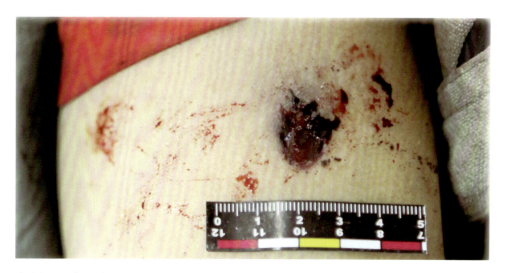

案例 11 中的自制火药枪弹所致左上臂中段外侧一不规则圆形创口，大小为 0.7cm×0.6cm，创内软组织缺失，创口不能对合，创周见有沿创口走形的擦挫伤带，擦挫伤带宽 0.3cm，探查创道见创道斜向上深达皮下。

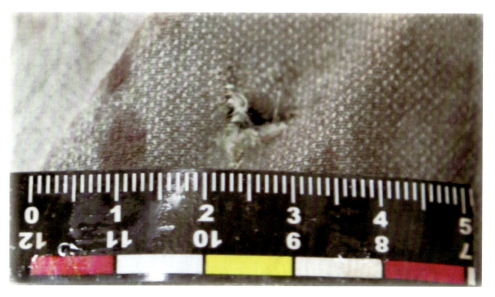

案例 11 中的自制火药枪弹所致左上臂中段外侧一不规则圆形创口，外衣相应的破口。

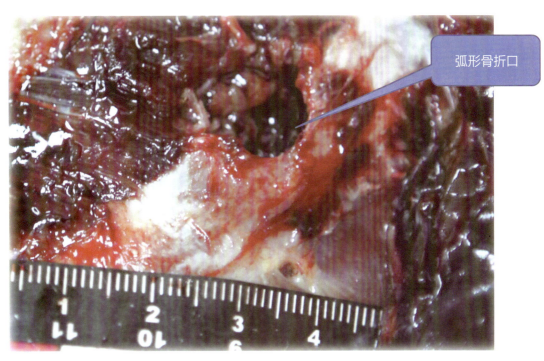

弧形骨折口

案例 11 中的自制火药枪弹所致左胸外侧沿腋前线第 5 肋间左胸部外侧创口对应部皮下及肌肉层淤血明显，该创沿腋前线第 6 肋间进入胸腔，第 7 肋骨上缘见一弧形骨折（开口向上），骨折区骨板缺失，骨折区大小为 1.4cm×0.7cm，内骨板呈"喇叭口"状。

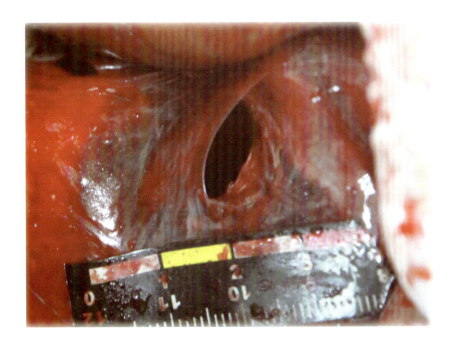

案例 11 中的自制火药枪弹所致肝脏膈侧见 7.0cm×3.0cm 横形创口，该创中央最深、两侧浅，中央部深约 0.5cm。

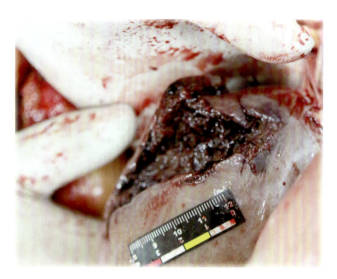

案例 11 中的自制火药枪弹所致肝脏贯通创。

案例 12 中的自制火药枪。

案例 12 中的自制火药枪击发锤形态。

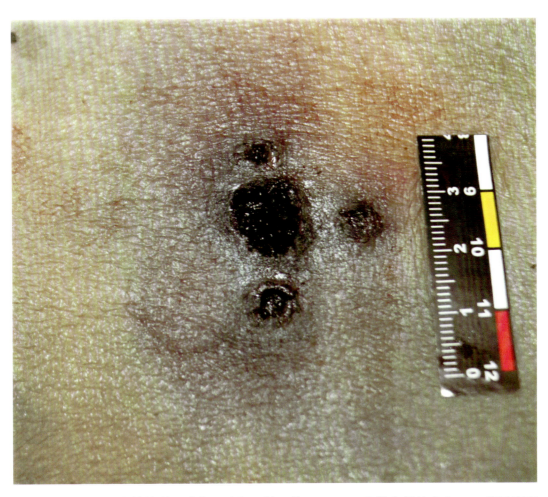

案例 12 中的自制火药枪弹所致左下腹部，脐下约 5cm，正中线左侧约 2.0cm，距足底高约 90cm 处一不规则圆形创口，大小为 1.4cm×1.2cm，创内见有血性液涌出，创缘不齐，创周稍淤血，创口不能对合，创腔软组织缺失，深达腹腔。探查创道，见创道斜向内下约呈 45°角，创道内见一大小为 0.5cm×0.2cm 的衣着碳化物；该创左侧、右侧、下部约 0.5cm 处各见一不规则圆形创口，大小均为 0.5cm×0.5cm，创缘不齐，创周稍淤血，创口不能对合，创道内软组织缺失，深浅不一，右侧创深达肌层，左侧创深达皮下。

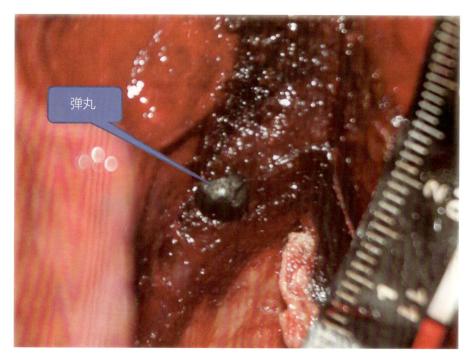

案例 12　在直肠与盆腔前侧壁之间缝隙内见一不规则半球形金属弹丸，大小为 0.6cm×0.4cm。

案例 12　取出的弹丸。

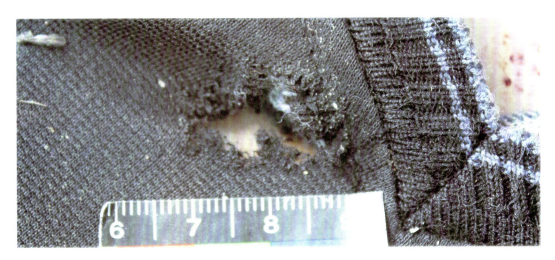

案例 13 中的自制火药枪弹所致胸部衣着上的射入口。

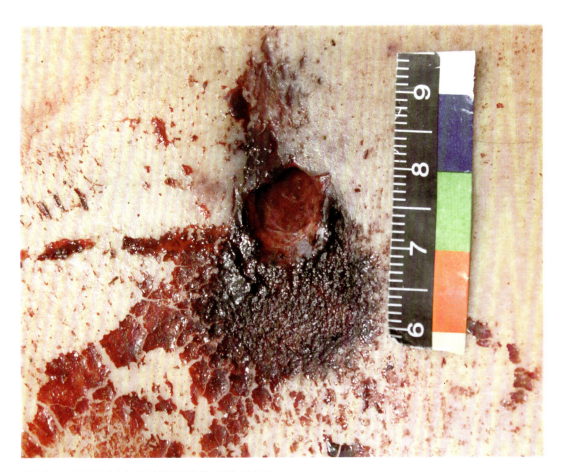

案例 13 中的自制火药枪弹所致胸部的射入口。

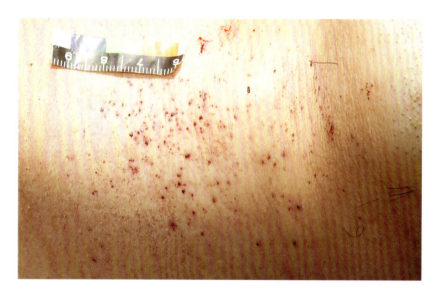

案例 13 中的自制火药枪弹所致颈部点状火药灼伤。

案例 14 中的自制火药枪。

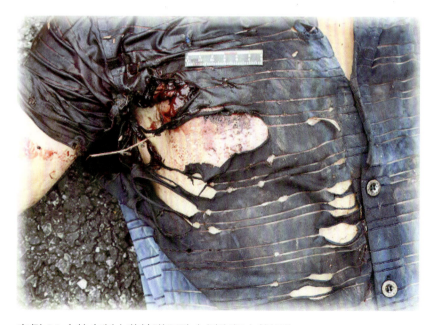

案例 14 中的自制火药枪弹所致右侧胸部衣着损伤。

案例 14 中的自制火药枪弹所致右侧胸部射入口。

案例 14 中的自制火药枪弹所致右前臂火药烧灼伤。

案例 14 死者身上携带的火枪弹丸。

案例 15 中的土造短枪和子弹。

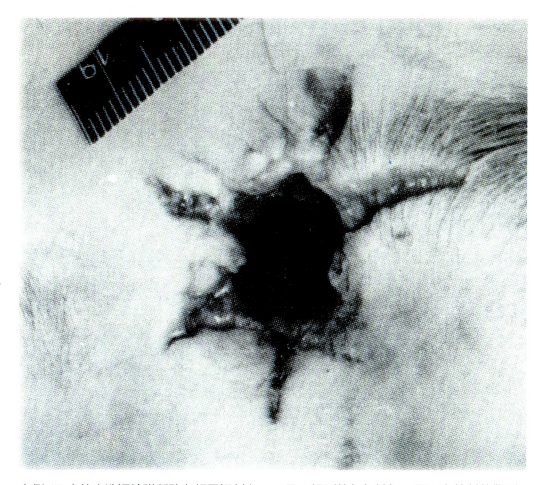

案例 15 中的土造短枪弹所致左额眉间射入口，呈不规则的组织缺损，周围有放射状撕裂。

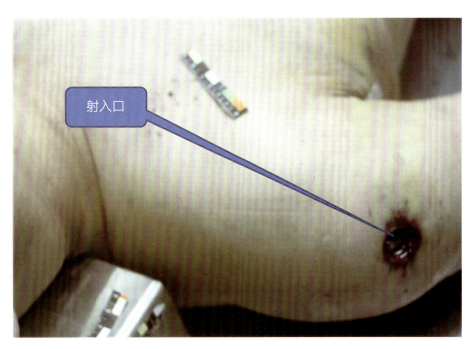

案例 16 中的 92 式手枪弹所致右上臂外侧射入口。

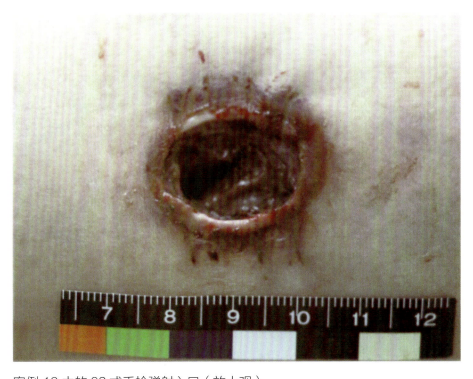

案例 16 中的 92 式手枪弹射入口（放大观）。

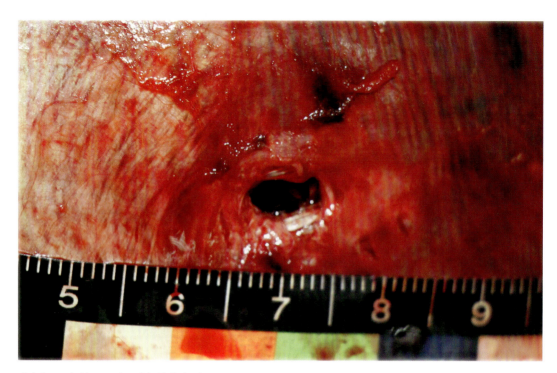

案例 16 中的 92 式手枪弹道穿过膈肌。

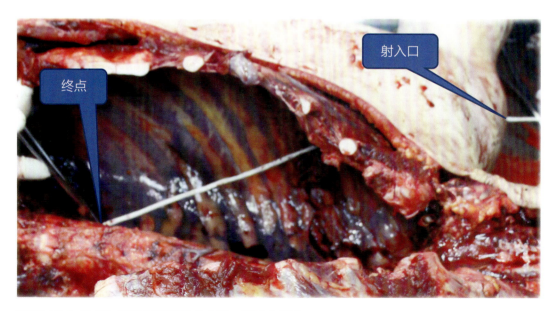

案例 16 中的 92 式手枪弹道终点（第一腰椎右侧）。

# 参考文献

［1］杨玉璞.法医学图谱［M］.北京：群众出版社，1986.

［2］陈军，尚明琪，孟宗林，等.法医学彩色图谱［M］.西安：陕西科学技术出版社，1985.

［3］翟建安，陈世贤，陆振芳，等.法医学［M］.北京：群众出版社，1986.

［4］陈传山，林静萍.48例单刃刺器损伤与凶器推断［J］.刑事技术，1981，0（3）：9-11.

［5］沙征凯.法医病理损伤图谱［M］.贵阳：贵州科技出版社，2021.

# 后 记

　　法医在机械性损伤案件中的主要任务之一就是推测致伤物。致伤物的种类复杂多样。一种致伤物打击不同部位或者用致伤物的不同部位打击会出现不同的损伤表现，所以推测致伤物难度非常大。为了提高推测致伤物的准确率，本图鉴作者团队尽了最大的努力收集资料，但仍然有限。我国地域辽阔、民族众多，生活环境千差万别，生活用具也千姿百态，一旦发生机械性损伤的命案，我们法医工作者就得尽快推测出致伤工具。本图鉴仅仅起到抛砖引玉的作用，笔者希望我国各地的法医工作者，在工作中多加留意收集相关案例的损伤与致伤物。例如在本图鉴中收集到的大号活动扳手所致颅骨凹性骨折形态，开始谁也想不出是什么工具所致。在抓到犯罪嫌疑人后，其交代作案工具是一把大号活动扳手。随后，我们通过将大号活动扳手各部分与颅骨上凹性骨折形态进行对比，才发现大号活动扳手的着力点在固定钳口腹端。我还希望各区域的法医和法医教学工作者做一些类似的实验研究，收集较特殊的致伤物及所致特殊损伤案例，为提高我国法医学推测致伤物的准确率积累基础的参考资料，善莫大焉。值此出版之际，衷心感谢天津科学技术出版社的领导和编辑。